U0648519

开口就是影响力

著

CNS PUBLISHING & MEDIA
湖南文艺出版社
HUNAN LITERATURE AND ART PUBLISHING HOUSE
博集天卷
CS-BOOKY

图书在版编目（CIP）数据

开口就是影响力 / 柳婉琴著 . -- 长沙：湖南文艺出版社，2022.7

ISBN 978-7-5726-0717-2

Ⅰ. ①开… Ⅱ. ①柳… Ⅲ. ①人际关系－语言艺术－通俗读物 Ⅳ. ① C912.13-49

中国版本图书馆 CIP 数据核字（2022）第 090571 号

上架建议：畅销 · 人际沟通

KAIKOU JIUSHI YINGXIANGLI

开口就是影响力

著　　者： 柳婉琴
出 版 人： 曾赛丰
责任编辑： 刘雪琳
监　　制： 邢越超
策划编辑： 刘　筝
特约编辑： 张春萌
营销支持： 文刀刀
版式设计： 李　洁
封面设计： 八　牛
内文排版： 百朗文化
出　　版： 湖南文艺出版社
（长沙市雨花区东二环一段 508 号　邮编：410014）
网　　址： www.hnwy.net
印　　刷： 三河市百盛印装有限公司
经　　销： 新华书店
开　　本： 875mm × 1230mm　1/32
字　　数： 178 千字
印　　张： 9.5
版　　次： 2022 年 7 月第 1 版
印　　次： 2022 年 7 月第 1 次印刷
书　　号： ISBN 978-7-5726-0717-2
定　　价： 49.80 元

若有质量问题，请致电质量监督电话：010-59096394
团购电话：010-59320018

前言　要么不开口，开口就是影响力

影响力是绝大多数人都渴望拥有的，怎么说话才能影响他人的思想和行为呢？

普通人也可以通过说话来提升自己的社会价值和影响力吗？

我的答案是，当然可以。

我是一个出生在福建小镇的女青年，在过去 10 年里，我就是通过学习和说话，让自己从一个普通的小镇女青年，成长为 2018 年《超级演说家》女性专场的冠军，同时凭借说话能力创办过服装品牌。2017 年，我还凭借演说能力创办了创业女性成长平台 LadyBoss（女力时代），线上线下有超过 100 万人听过我的演说课程。在抖音上，一个讲我人生故事的视频，竟然给我带来了将近 1 亿的播放量。

这一切让我深深明白：

我们说出口的每一句话，都会对别人产生影响。影响力越大，越能实现你心中的理想。我写这本书是想把我过去4年多的教学经验做一个总结，既有一些话术背后的心理学、说话技巧，也有一些心法，以便提供切实的可落地实操的方法，帮助大家提升说话能力。

不知道你是否思考过以下几个问题：

在商场里，和客户的交流机会稍纵即逝，你说出口的每一句话，都在影响生意的成交概率。

在生活中，你与人沟通时，说出的话是价值千金还是空洞无聊，不仅影响着你的人脉拓展，还会影响你在别人心中的地位。

在职场，你和领导、同事的沟通方式，几乎决定了你在职场发展的顺畅程度。

比如，有些人会问：为什么别人没有按照我说的去做？为什么做出来不是我想要的结果？很多人都会产生这样的困惑。

我想通过这本书回答你：也许不是对方没有按照你说的去做，而是你根本就没有说清楚。举个例子："小王，这次业绩做得不是很好，你应该去学习一下同行是怎么做的，看看自己哪里需要提升，看看别的同事，为什么人家能做好？我觉得你不够用心，下个月努力一下，把业绩做好一点。"

这是你的沟通方式，小王是听了，但是我估计他没听明白。他听完之后并不知道怎么提升自己，只记得被你批评了。

我们可以换一个方式："小王，这个月你的业绩做得没有预期好，我看了你的总结，如果你能改善以下三个地方，我想下个月你会有突破的。第一，去看看同行的服务标准，想想我们是否可以在服务上给客户更好的体验，从而增加转介绍率；第二，你去看看小李，他这个月做了详细的用户标签管理，一下就提升了成单率，我想你可以去请教他如何做好客户分析；第三，你可以加大你的客户基数，多去拜访用户。如果你做到以上三点，我想以你的能力，下个月一定可以完成目标。"

你这么说，他就更清楚自己该怎么做了。本书中，我会通过例举这样的场景给大家一些沟通上的具体建议，让你的说服力和影响他人行为的能力都加强。

这些年里，我经常在各种不同的场合进行演讲，因为演讲能力，我得到了很多机会，拥有了许多学员。他们大部分都想要和我一样，开口就有影响力，他们问得最多的问题是："老师，你觉得我能学好说话吗？像我这样基础不好，没有逻辑，甚至连上台都不敢的人能学会表达吗？我怎么样才能快速地学会演讲？"

我想告诉他们的是：好好说话不是听会的，也不是看会的，一定是掌握了某种核心方法练会的。所以，无论你看了多少别人的演讲视频，听了多少关于说话的技巧，离开了正确的练习，终究是纸上谈兵。所以，希望你在学习我的演说方法之前，一定要明白，除了看书，你还需要把它用在现实工作和生活中。

有了持续练习的态度后，我希望你能明白，想要影响别人，最重要的就是学会与人共情，明白共情背后的心理逻辑——如何说才能走入别人的内心世界。举个例子，曾经有个视频，有一个盲人在路边乞讨，他写了一句话：我是盲人，请帮帮我。结果，给他捐款的人少之又少。后来，有一位女士帮他换了句话：今天真是美好的一天，我却看不见。这就吸引了很多人给他捐钱。同样的地方，同样的人，不同的话语，影响力完全不同。这位女士写的这句话就反映了我们说的共情及了解听众心理的作用。本书中提到的个体心理真相，就是在帮助你分析别人拒绝你背后的心理动机，所以，我想提醒你，记得说任何话都要做到讲别人想听的，而不是只关注自己想讲的。

我写这本书，还想真正帮助你打破一些对说话和演说的固有认知。比如，修正一种很常见的关于表达的错误认知：

不会说话是天生的，有些人天生不擅长。一些刚入门的学员一听到学演讲，就会退却，说：“我不行，台下还可以，一上台就忘词了。”当你给自己贴上“不会说话”的标签时，你就是在画地为牢，将自己的潜力直接封闭起来了。只有先抛开这样的标签，才能去打破这个限制，让自己开始改变。所以，学会演讲的第一步，是你要相信每个优秀的演讲者都是通过后天练习而成的，没有天生的演说家，你现在的胆怯只是因为你缺少方法。如果有正确的练习，你的自信心也一定会在一次次的表达、演讲中提升。

又比如，我通过自己多年的实践经验，总结出我认为的沟通表达的三个层次。首先是准确地传达信息，其次是说服对方，最后是用语言的影响力，潜移默化地感染对方。

三个层次的核心是统一的：通过说话，达到自己的目的。注意，这个目的不一定是功利性的，不一定是要说服对方买单或者促成交易。这个目的也可以是传达爱，传达善意。

在理解了沟通的层次和核心后，我认为大家在开口之前，还需要了解几个心法要素：第一是真诚，很多演讲都有一些惯用的模板，而我想要分享给你，在这个目的性极强的时代，如何让自己的表达高级且真诚，如何走入别人的内心世界。

举个例子：我有一个学员是从事保险行业的，做自我介绍的时候他不好意思告诉别人，自己是从事保险行业的。他就说："我是大家生命的保障规划师，我为大家的生命保驾护航。"类似这样大而空的话，大家都听不懂，用我的话来说就是：不说"人话"。听众听不懂，其实最后大家还是会知道他就是卖保险的。他可以换一种真诚的方式，直接说："我从事保险行业，直到现在一共 7 年了，我知道很多人对保险行业有很多误会，所以今天我想和大家分享，我为什么在一个一直被大家误解的行业坚持 7 年……"这么说就显得真诚许多。

第二是礼物，我建议大家把表达当作一件给对方的礼物，演讲和说话不是把你的思想强加给别人的工具，而是一次重要的礼物馈赠。

什么是礼物呢？你看过的风景，你的一些特殊经历，你工作中总结的成功经验，等等。

你可能认为这都是一些小事，但是我认为，只要能帮助别人，对别人有价值，就是一件很棒的礼物，把它提炼出来，你就可以成为一个受人尊重的分享者。

第三是价值，要想让你讲的内容有价值，就要做到以下几个字：内容与听众有关，让听众喜欢。本书中，我也会和你分享一些洞察别人需求的方法。如果你的内容是为听众准备的，是她们关心的问题，能给用户以希望或者减轻他们的痛苦，那就是最大的价值。

当然，除了这些心法，我也在书中总结了一些说话的技巧。无论你是想改变他人，拉近和他人的关系，还是想提升自己的情商和公众影响力，获得职场上的晋升，你都能在五个模块中找到对应的场景，掌握简单、基本的技巧，迅速解决基础的表达难题。长期练习下去，你能渐进式地改掉一些错误的表达方式，重新塑造自己的信心和影响力。

最后，希望这本书能够让你在掌握一些说话的结构、框架和逻辑的同时，也能带着你一起思考表达的意义，帮助你更好地感受语言的力量，感受自己真实的想法，影响他人的同时，也认识自己。记住哟，一个小镇出生、没有背景、普通的我，都可以用说话创造我未曾想过的影响力，你也一定可以！翻开这本书，让我们一起成为让人信赖、受人尊重的开口就是影响力的人吧！

目 录 Contents

PART 3
把握关键对话，收获完美人际关系

PART 4
提高沟通效率，快速获得职场晋升

PART 5
把控公众表达，引爆社交影响力

PART 1

用说话影响他人决策

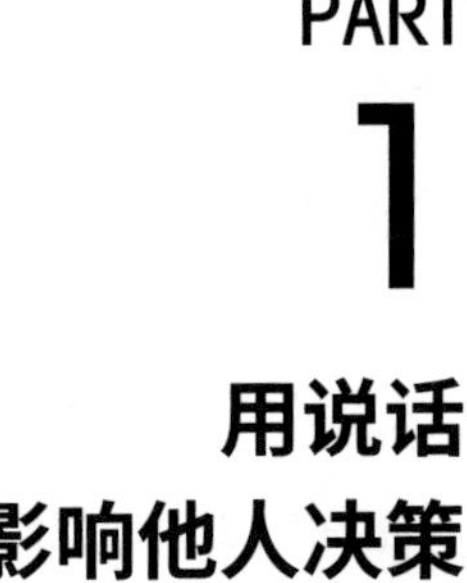

01

个体心理的真相，
我们为什么无法轻易改变他人

在生活中，我们常常会遇到这样的场景：

明明你的方案很有建设性，偏偏客户不认可，领导不认可，你得准备全套的PPT，去尝试改变他们的想法。

面对团队中核心人员的离职申请，你不想他离开，需要跟他深聊，才能确定是否能说服他。

在创业过程中，如果有个前景特别好的项目想找投资方，你需要提前准备方案，才能判断是否能谈妥。

想接在老家的父母来城里住，却发现每次提及此事，爱人的脸色都很难看。

交了男朋友，讨论一些关于未来的规划时，发现你说服不了他，他也说服不了你，每天都争吵不断。

孩子处于叛逆期，每天打游戏，导致学习成绩直线下滑，你苦口婆心，说了很多，却发现他一句话都听不进去。

…………

你会发现，无论我们从事什么样的职业，在社会上担任什么样的角色，都需要花费一些时间和精力去沟通和说服别人。但是，客户难搞定，老板难说服，家庭矛盾始终存在，孩子的教育问题一直很愁人……人人想要改变他人，但人人都不想被改变。这是为什么?

在面对别人的游说时，一般个体极易形成以下几种心理，产生对说服者的抗体，它们分别是逆反心理、对抗心理和自我认知保护层。

逆反心理

首先是逆反心理。对于这个词，我相信大部分人都不陌生，因为我们每个人的青春期几乎都伴随着“逆反心理”。“不听妈妈爸爸的话”是我们对“别人说服自己”最明显的反抗。很多人以为，过了青春期，这种逆反心理就不会再有，或者就不再那么明显。其实不然，“反抗”是每个人的天性——你想让我做什么，我偏不做什么。因为如果我听了你的话，一切都按照你的想法，那就代表了我对你的服从，可是没有人喜欢服从和被动接受，人们更喜欢用“我的”思维和方式去解决问题，而不是“你的”。所以，如果你只给了“接受”和“不接受”这两个选项，大多数人都会选择“不接受”。

比如，你跟孩子说：“宝贝，妈妈告诉你，这个杯子真的很烫，你不要碰。”你会发现孩子一定会去碰，因为你越不让他做什么，他就越想做什么。

再比如，你常常会和爱人抱怨：“老公，你天天这么晚回来，对得起我吗？我在家给你做这么多好吃的，你为什么就是不回来呢？”你越是用这样抱怨的口气质问对方，就越会发现他回来得一天比一天晚。

同事之间也有这样的情况发生，当你处理跨部门协同的项目时，你要说服其他部门的同事完成一项工作，对方会下意识地想：我不要做。

这种本能的“逆反”，会导致很多事情拖延，或者根本推进不下去，这要怎么办呢？这个时候，我们可以试着把

“主动权”和“决定权”交给对方，让他们有“自己在做主”的感觉。因为逆反的根本原因在于“反控制”，听了你的，意味着你占主导。想对付这种心理，就要尝试把主导权还给对方。

你要说服孩子认真学习，用干巴巴的口吻命令“宝贝，你要认真学习”是完全不起作用的。换一种方式来说：“宝贝，你觉得今天我们是先打完游戏再做作业，还是先做完作业，再开开心心地打游戏呢？你选择哪一个呢？”把选择的主导权交还给孩子，孩子会发现他在为自己选择的事情负责。

你想要同事之间更加高效地沟通协作，你如果要求别人去做事情，对方会本能地想：我为什么要帮你做，这件事跟我有什么关系？我干吗要配合你，而且还让我加班呢？所以对方很可能会拒绝你。你可以告诉他：“亲爱的，我跟你在不同部门，我想要麻烦你一些事情，可能会耽误你一些时间，但是如果这个项目能够很棒地完成，我觉得我们两个部门可以更好地协同，下次有什么事情的时候，我们部门可以全力以赴地支持你。你觉得是等你手头的工作做完之后，再花 10 分钟稍微帮我把这个材料改一下，还是说你现在先帮我改一下呢？”他就会选择自己做决定，当他做完决定以后，你会发现无论他选择哪一个，他都会愿意来配合你，工作中的一次高效沟通就这样轻而易举地完成了。

当你给下属布置工作时，也可以用这种让对方拥有主导权的沟通方法。我曾经有个很有自己想法的下属，我跟他说，打下市场的第一件事是把口碑维护好，可下属更看重做好业绩，口碑在他心中排次位，他的作风是快速把市场打开。后来，我发现他一边打市场，一边失去市场。于是我和他说："你去外面打市场打得太好了，你看你每次都能打出一片市场。你有没有想过，如果你打市场的同时，把客户服务这一块也重视起来，市场会打得更好？你觉得现在我要不要给你配客服团队，把服务先做好？还是先打市场更好？又或者两个结合走得更稳妥？"我这么一问，他会发现两个结合走得更稳妥，他就会自发地把这件事情做得更好。

有一个关于早餐店的故事，我想很多人都听过，说的是一样的道理，同样做早餐生意的两个老板，顾客点的都是差不多的东西。第一个老板会问顾客，要不要加鸡蛋，顾客回答"不要"的居多。而第二个老板，问顾客是加一个鸡蛋还是两个，顾客说"不要"的就极少。

这就是了解并利用了逆反心理。把选择权交给对方，在接受和不接受之间，他会发现这件事情不是别人命令自己去做的，而是自己决定的，他就比较容易快速地接受。

在沟通中，我们要通过“给予选择权”，让对方觉得是他自己在做主，减少“被迫接受”的压迫感，才能降低说服对象的“逆反心理”，从而化被动为主动。

对抗心理

其次是对抗心理——在面对说服时，不愿意去改变，产生对抗情绪。为什么会有对抗情绪产生？是因为：

第一，在考虑问题时，人们往往会“成本先行”。

面对新事物，或者需要发生的改变，人们通常不会去考虑这件事可能带来的收益，而是会首先想到成本，即“这件事可能会对我造成什么损失”。比如，你让同事帮忙做一件事情，通常情况下，他不会先去考虑这件事能给他带来什么好处，比如是不是能学到什么，或者会不会增进同事关系，而是首先会想，“好麻烦啊”“我是不是周末要加班”“都是别人的工作，跟我有什么关系”。

第二，觉得对方站在自己的对立面，而不是站在自己旁边。

很多时候我们没法说服对方，是因为对方觉得我们不懂他，没有体会他的感受。在说服他人方面，我们常犯的一个错误就是“否定对方的感受”。

你觉得学习很难，我觉得不难啊；

你觉得这个东西很贵，我觉得不贵啊；

你不喜欢早起锻炼，我觉得锻炼有好处啊；

…………

这种潜台词，就是在暗指“对方不应该有这样的感觉”“对方这样想是不对的”。其实在这个时候，我们就站到了对方的对立面，让对方觉得我们跟他不是一伙的。

一旦对方觉得你一直在否定他，不管他说什么你都有理由反驳，那他就不会再跟你多说。对抗的情绪一旦形成，他在心理上不接受你，你就很难再说服他。所以，在沟通的时候，一定要让对方觉得，我们跟他是在“同一条船”上。

我们可以使用这样的句式：

首先，肯定对方的感觉。说“你是这样觉得的啊？好巧，我也是”“我觉得你说得很有道理”，以此来降低对方的防卫心理，让他觉得我们是非常真诚地愿意跟他沟通的。

其次，可以用“我曾经也有类似的感受”，让对方产生亲近感。

再次，用“但是我发现”做一个新的转折，委婉地讲出你希望对方做的事情。因为这时候的说服，是建立在对方信任你的基础上了，他觉得你已经跟他是一边的了，你有新的感受、新的体会、新的建议，他就会愿意接受。

自我认知保护层

除了逆反心理和对抗心理，人之所以难以被说服，还因为每个人都有“自我认知保护层”。你会发现，每个人都有自己独特的想法和态度，这就是所谓的自我认知。

自我认知的形成，是一个比较漫长的过程，受到生活环境、成长经验、社会背景等多方面的影响。自我认知不同，会导致对同一事件产生不同的看法和做法，比如，有的人喜欢从管尾往上挤牙膏，有的人喜欢从管中间挤；跟领导汇报工作，有的人喜欢使用 Word 文档，有的人会制作成精美的 PPT……“自我认知”会有很强的排外感，即“我的才是对的”。出现了不同的认知和观点，想让对方接受，非常困难。所以，并不是说很多人听不进去别人的意见，就是顽固，而是因为他的“自我认知保护层”太强了，对于其他观点和行为进行了天然的排外。在这种情况下，想改变对方，就需要先洞察对方是怎么想问题的，然后将他引向你预设的思路中。

有两个小方法，一是通过提问诱导，让对方得出答案；二是通过正向检验，让对方提前感受做这个决定的美好。

如何通过提问诱导，让对方得出答案呢？我跟大家分享一个特别有意思的案例。

我最近在研发课程，也给大家录了很多在线课程，我们有一支教研团队，在这期间我和我的教研团队也经历了多次磨合。最初，当我的教研团队把大概梳理的内容给我看的时候，我会直接告诉他们这个不行，但是我觉得这是他们要去完成的工作，所以我没有具体告诉他们哪里不行。直到有一天，我们团队的一位高管用提问诱导的方式，让我打破了自己的认知保护层，改变了过去的思路。

他是这么跟我说的："老师，你有没有想过，你自己的人生阅历那么精彩，各种生活体验也那么丰富，可是你教研团队的伙伴们，他们的人生经历没有这么丰富。当你没有告诉大家具体的操作方案和修改方向时，其实他们是很苦恼的，如果你能用更多的时间跟他们一起讨论，给他们提出更明确的思路，这样是不是会更好呢？"我听完他的话，瞬间就被说服了，我觉得他说得有道理。之后，我就跟他们一起认真研究课程。这位高管用的方法，就是用问题来诱导我，让我不由自主地冲破了自我认知保护层。

再比如，我们的学员也会有自我认知保护层，所以不会轻易买我们的课程。也许他会顾虑，能不能学会，能不能做到，这个时候我通常会问他："你觉得你最想提升的是哪个方面？”他可能会说，最想通过学习课程变得更自信。我会进一步去问：“变得更自信之后，你会获得什么呢？”他可能会说，如果更自信了，升职加薪的机会就更大了。我说：“对，所以你要不要来学习我们的课程呢？”这样，经过循序渐进的提问诱导，学员就更加容易接受了。

再说第二个方法，正向检验，也就是通过正向引导来减少负面担忧。具体如何来做呢？我举个例子，我以前刚开始做演讲的时候，每一次课程结束以后，我都会问学员：“你听完老师的课程最大的收获是什么？”学员就会列举出几条收获，其实在这个过程中，第一，我了解了用户的需求，第二，加大了他购买课程的概率。我没有直接说服他买课程，而是让他自己回忆课程的优点，找到课程值得学习的地方，这就是正向引导。

同样的道理，我们在职场上、在销售场景里，也需要少用结论式的建议，多通过提问的方式，让对方意识到问题，这时候我们再给出建议，建议被接受的可能性就会变大。我们来设想在服装店买衣服的一个场景。你如果想要说服客户买衣服，可以用正向引导的方式。当客人试了一堆衣服，无法决定要买哪一件的时候，你可以这样说：“亲爱的，刚刚你试了那么多衣服，我觉得都很好看，哪件衣服给你印象最深？”客人可能会说：“那条蕾丝花边的连衣裙，我觉得还可以。”这个时候你就把那件衣服拿过来，请客人再试一下。当客人在镜子面前欣赏身穿新衣的自己的时候，你可以引导顾客：“亲爱的，你想象一下，今天你穿上这件衣服走到你朋友面前，一定会让他们惊艳吧！”“亲爱的，你觉得这件衣服最大的亮点是什么呢？”所以，如果想加强对方对产品或者方案的好印象，你不妨运用正向检验的方法，朝着好的方向去引导和提问，对方自然会朝着正向的方向去联想。通过正向引导，让对方提前感受到做这个决定能够带来的美好。

在面对他人的游说时，个体心理会形成几种抗体，分别是逆反心理、对抗心理和自我认知保护层。个体心理的潜在特征，导致人们更愿意相信“自我”，不愿意接纳他人，拒绝改变，但这些抗体并不是坚不可摧的。用好策略，就能打破禁锢，让沟通更顺畅，让说服更有效。

沟通小锦囊

- 在沟通中，我们要通过“给予选择权”，让对方觉得是他自己在做主，减少“被迫接受”的压迫感，才能降低说服对象的“逆反心理”，从而化被动为主动。

- 对抗的情绪一旦形成，他在心理上不接受你，你就很难再说服他。所以，在沟通的时候，一定要让对方觉得，我们跟他是在“同一条船”上。

- 我们在职场上、在销售场景里，也需要少用结论式的建议，多通过提问的方式，让对方意识到问题，这时候我们再给出建议，建议被接受的可能性就会变大。

02

利用场景模拟，
快速获取他人信任

我们知道了个体心理的真相后，便了解了我们之所以无法轻易改变他人，是因为在面对别人说服自己的时候，一般个体极易形成逆反心理、对抗心理和自我认知保护层这几种心理，来形成对说服者的抗体，所以通常情况下，我们想要说服他人、改变他人是一件不容易的事情。但这些抗体并不是坚不可摧的，用好策略，就能打破禁锢，快速获取他人的信任。

我们既然知道了个体心理的真相——具有自我保护的排他性，那么想穿过层层的保护，去触碰那颗柔软的心，只有通过一把钥匙，才能打开这道心灵的大门，这把钥匙就是信任。西奥迪尼在《先发影响力》中说过：“我们改变他人的能力，往往以彼此之间的私人关系为基础。”也就是说，只有当对方觉得你是“自己人”时，他才会信任你。

如何成为对方眼中的“自己人”

首先，你要有一个可信的形象，这是对方信任你的基础，与你“说了什么”相比，人们往往更在意“是谁在说”。说话者的可信度，决定了人们接受信息的基本态度。

要如何才能建立一个可信的形象呢？有三个方法行之有效。

第一个方法：信息流对等。

我曾经参加过一个出国的游学团，这个游学团的人大部分都是企业家。该公司承诺见的嘉宾和去的游学企业，才让我们决定参加这趟行程。但是由于特殊情况，行程中最重要的嘉宾大家没有见到，这个时候不论怎么解释，大家已经不开心了。之后也由于各种原因，该公司没有带我们去事先承诺的世界名企。现场的很多企业家直接就生气了，要求退费，一趟本该很美好的行程就此破灭。

这家公司就是典型的不真诚。作为主办方，以为只要自己把关键的、不好的信息藏起来，不告诉对方，就能保证这场活动顺利进行，但越是不知情，被隐瞒的感觉越是强烈，人们就越是难以对对方产生信任。这一次因为大家已经出国，没法选择，但之后我想很多人都不会再参加这家公司举办的活动了。所以，一定要在合理范围内坦诚相告，这样才能得到更多的理解和信任，不要因为信息流不对等，就隐瞒一些信息，这样只会加深对方的反感和提防心。

第二个方法：相似性原则。

找到你和其他人的共同之处。成功学大师戴尔·卡内基曾说："所谓沟通就是同步，每个人都有他独特的地方，而与人交际则要求他与别人一致。"也就是说，在人际交往中，你要想办法尽量成为别人眼中的"自己人"，找到与对方在某一点上的相似性，比如，爱好相同，立场一致，或者是想要共同实现一个目标，这样，你的话才能说到对方心坎里，别人才会信任你。

比如，在有新伙伴的聚会上，初次相识的人可能会聊到自己的生活经历、工作习惯或是家庭情况，这时候如果你和对方说，你和他有一样的出身，你的父母也是大学老师或者什么，那你们之间的关系就会被这一"相似性"瞬间拉近不少。

第三个方法：投其所好。

你不妨提前做一点功课，了解对方的喜好或是生活方式，在两人的沟通过程中戳中对方的个性、喜好。有一次，我和一位公司创始人谈合作，工作话题之余聊到旅游，他说几年前去过一次敦煌，被敦煌的壮美震撼到。我便顺着他的话题，讲到自己对敦煌也有所研究，并聊了几句敦煌带给我的感受，我们俩的状态瞬间就从陌生转变为熟悉。那场谈话之后，我和他都有了相见恨晚的感觉。他们公司刚好有传媒这个业务，之后他还专门嘱咐下属："我和婉琴老师真的太投缘了，在给婉琴老师做报道的时候记得全部免费！"

如何在沟通中不断为自己加分

以上三个方法，已经帮你建立了一个可信的形象。但是人与人之间信任的建立是一个循序渐进的过程，是很多个好印象的叠加，其中不只是形象的塑造，更需要你在不断地与对方沟通的过程中为自己加分。那么，怎样才能通过沟通和表达，为你赢得对方的信任加分呢？我还是教你三个方法。

第一个方法：利用场景模拟，与对方在心理上产生多次连接。

什么是场景模拟？

场景模拟就是通过心理模拟场景，用话术与对方产生多次连接，让对方觉得你是熟人，进而觉得你可信。你会发现，在景区的商家往往宰客很严重，而居民小区里的商店，价格就比较公道合理，服务也比较周到。这是因为人们重复去景区的可能性很小，通常顾客和店家之间都是单次博弈，也就是只做一次生意，而居民小区里面的商店，大家会是多次博弈，也就是你会经常去购物，与店家产生多次关联。

我举个例子，比如，在深圳工作的你出差去了上海，想要把自己公司的产品推荐给客户，客户的第一反应肯定是："我们在不同的城市，距离这么远，我与其买你的产品，还不如买上海本地的产品。"这时候你可以利用模拟场景的方式说服对方，让对方在心理上和自己产生多次连接。你可以这么说："虽然说咱们在不同的城市，但是您可以加我的微信，有任何需要咨询的，都可以随时联系我。另外，我们在上海有充足的服务人员，随时可以到您的公司提供优质的服务。我们的产品全国联保，各地的服务都是无差别的。无论是产品的使用，还是产品的售后，您都可以放心。"这样一来，客户购买产品的概率就会大大增加。

我的课程在销售过程中，也常常会遇到抱着担忧情绪的客户，他们最大的担心是自己买了以后学不会，白白浪费时间和精力。面对客户的担忧，我首先会说："和你有同样心情的人不在少数。"以此来和他共情，之后我会告诉他，我们的课程是有 21 天服务训练营的，这个训练营会陪伴你共同成长，无论你在哪个城市，都能随时随地学习，随时随地享受我们的服务。这样的课程设置会让人对课程更加信赖，减少担忧。

所以，如果你与对方之间只是单次博弈，那么彼此之间的信任就很难建立。这时如果你在对方心里营造一种感情，即我们有很多场景可以相遇，并且服务有进一步的保障，从单次博弈升级成多次博弈，对方对你的信任度就会变高。

第二个方法：运用 3070 的限制性话术。

这是一个高级的处事法则，当别人问你意见时，你可以套用 3070 的限制性话术的公式：确定性表达加上限制因素。也就是说话不要说得太满，而是留有余地，这会让你所表达的信息有更高的可信度。

在英国，有一位知名的雕塑家，名叫安尼施·卡普尔。曾经有记者问他："你成功的秘诀是什么？"他回答说："其实也没有什么秘诀，就是做好两点：把鼻子雕大一点；把眼睛雕小一点。"他为什么这样做呢？因为要给自己留修改的余地，鼻子大了可以往小里改，眼睛小了可以向外扩大，反之就不行了。

我们说话也是这样，要给自己留有一些回旋的余地，不然话说得太满，一旦没有达成，别人对你的信任就会大打折扣。

比如，老板问你："这个月完成100万的目标有没有问题？"你说"保守估计完成70万没问题，争取完成100万"，就比你说"没有问题，保证完成"要好，因为有许多因素影响业绩的完成，你不能保证任何环节都不会出现问题，你就要给自己留一个弹性空间，在这个范围内都是正常的，那你说的话的可信度就会更高。

如果你向老板打了包票而没有完成，老板会从心底里认为你是一个不守承诺的人，也会怀疑你的工作能力。

运用3070的限制性话术，你可以在确定性表达的同时加上限制性因素，你可以这样说："谢谢您对我工作能力的肯定，给我设定这么高的目标。以目前的情况来看，这个月完成70万是没有问题的，但是总体业绩的完成会受到现阶段的团队不够成熟及目前的市场还没有完全形成这两个因素的影响，所以这个月需要重点提升和完善这两方面，才能完成剩下30万的业绩。老板，您也知道，以目前情况来分析，这两方面存在很多不确定性因素，我这个月努力去改进和提升，尽最大的努力完成 100 万的业绩。”

这就是典型的 3070 的限制性话术，你的表达中既有 70% 的确定性，又客观合理地分析了 30% 的不确定性因素。这样的表达方式本身就会让老板觉得你思维缜密、考虑问题周全。到了月底统计业绩的时候，就算你没有完成那 30% 的业绩，老板也不会责怪你；如果能 100% 完成，老板会觉得你一定是克服了重重困难，特别厉害。

再举个例子，在工作和生活中有熟人拜托自己介绍资源，这个时候常常会有两种结果，一是帮朋友办成了事，皆大欢喜；另一种情况是自己费力引荐，双方却都不买账，吃力不讨好。我们如何说才能避免这种情况呢？同样，需要使用 3070 的限制性话术，你可以这样说：“没问题，我们之间关系这么好，你需要我帮你去联系这个朋友，我一定会帮你去联系的。”这句话就是确定性表达。接着来说限制性因素：“但是据我所知，他现在全部心思都扑在新项目上，听说连着几天都睡在公司里，所以不一定有时间。但是你放心，我会把意思传达清楚，后期能不能对接上，就得看你自己了！”这样来表达，无论后期这个资源有没有对接成功，于情于理对方都是可以接受的。这就是 3070 的限制性话术的魅力，可以让我们更好地把内心想说的话表达清楚。

和我学习演讲的学员，很多时候都会问我："老师，我好崇拜你在舞台上闪闪发光的样子！你说我能不能像你一样，在演讲的舞台上洒脱开讲、游刃有余呢？"如果我只是回答他"很难"或是"你要努力哟"，他肯定不会开心。这个时候，我会先给他一个确定性的表达："如果你愿意认真学习，我认为所有的人都可以学会演讲，你也不例外。"之后我会给他一些限制性因素："你想要变得更加优秀，第一，要进行长期训练，保证每天都在进步；第二，需要多上舞台，积累经验；第三，需要多看书，保证你内在的知识在不断扩充。如果你能做到以上三点，我相信你距离站在舞台上闪闪发光的时候就不远了。"对方一听也很开心，因为这就是客观事实。

第三个方法：ab 面双赢表达。

什么是 ab 面双赢表达？就是不仅告知对方优点，更要主动把这件事的缺点讲出来。比起完美的东西，人们通常都会更关注"我需要"。所以，在非需求范围内，强调"缺点"，而在需求范围内强化"优点"，这就是 ab 面双赢表达的核心所在，这样的表达可信度也更高。

比如，我们推销产品，如果你把所有的产品都说得太完美，对方就会觉得，有那么神吗？前段时间，我因为出差特别多，感觉有些疲累，有一个合作方就送了我一盒补药，我问是管什么的。她说："什么都管，婉琴老师，这个药特别好用，你身上所有的毛病都能根治。"吓得我一点都没敢吃。你看，当你把一个事物描述成"完美""神话"的时候，对方反而是不信的。

但是"曝短"也是要讲究技巧的，你说的"短处"一定是与说服对方的核心点没有实质性关系的。比如，对方需要一款面膜，你说："我们这款产品含一种生物剂，是会影响肤色的。"那对方肯定不会再买你的产品，因为对方买面膜，就是为了保养，如果面膜影响了肤色，那就不符合他的需求。那我们怎么说呢？应该这么说："您看，这款面膜，它的美白效果虽然没有那么好，但是补水效果真的是一级棒。如果您想要美白的面膜，我推荐另一款，那款面膜虽然补水效果没这款好，但是美白效果是最好的。"

你看，这样是不是比你单把一款产品吹上天要更容易说服对方购买？因为如果对方的需求是补水，那么你把美白当成"短处"曝了出来，既显得你很真诚，是在诚意推荐，又能强化卖点，让对方更愿意接受。所以，适当地暴露"短处"，要比"完美"的说辞更容易让人信服。

再拿减肥产品为例，很多供应商自称自己的产品能减肥，还能降血压，还能降血脂，而你的产品只有减肥的功效，显然你的产品优势就没有了。这时候你就可以利用 ab 面双赢的表达方式，来把自己的产品和“全能”产品做对比。

“我不太了解您所说的产品，如果它真的又能减肥又能管那么多其他的事情，我觉得挺好的，但是我想告诉您，亲爱的，您最关注的是减肥，而我们家连续 10 年专门开发核心技术，就是为了解决减肥这个问题，我们就是专门帮助大家健康减肥的。至于说血压会降低，其实减肥之后人的精神状态会变好，我认为当一个人变瘦之后，疾病自然而然就减少了。您觉得您想找更专业的产品，还是想找更全面的产品呢？”主动承认做得不完善的地方，同时找准对方的需求，强调自家产品独特的优点正是符合对方需求的，客户会觉得你更加值得信赖，也会选择你推荐的更加专业的产品。所以，不需要什么问题都能解决，只需要解决客户最关心的问题。这样也能让客户体会到，并不是全面就是好，专注于一方面的也很好。

以上就是如何说话才能取得对方信任的解答。运用好这些方法，你也可以轻松愉悦地把站在对面的那个人变成自己人，构建更多更好的关系。

沟通小锦囊

- 如何才能建立一个可信的形象呢？有三个方法行之有效：第一个方法是信息流对等，第二个方法是相似性原则，第三个方法是投其所好。

- 怎样才能通过沟通和表达，为你赢得对方的信任加分呢？第一个方法是利用场景模拟，与对方在心理上产生多次连接。第二个方法是运用 3070 的限制性话术。第三个方法是 ab 面双赢表达。

- “曝短”也是要讲究技巧的，你说的“短处”一定是与说服对方的核心点没有实质性关系的。

03

激发主体动力，
消除对方的抵触心理

在前面的内容里，我们提到了人们面对选择时的三个心理真相，分别是：没人想要被改变；没人想为他人买单；人们都希望主动做出选择。

知道了这三个真相后，接下来你作为说话人应该采取什么样的策略呢？

我的应对策略是要学会利用“决策的锚定效应”。

什么是决策的锚定效应

简单来说，决策的锚定效应就是我们的思维往往会被得到的第一信息左右，就像沉入海底的锚一样，思维被固定在某

处。也就是说，首先给对方设定一个锚点，然后在此基础上提供你的选择项，那对方对此的接受度就会很高。

> 例如去商场买衣服，当你第一眼看到衣服吊牌上的价格是 1000 元时，这个价格锚点就在你心中定位了。之后店员告诉你实际价格是 500 元时，你就会觉得这个价格比心中锚点的价格低很多，就会容易接受，购买的概率就会大大增加，这就是决策的锚定效应。

我们怎么才能把这个锚下准呢？也就是说锚下得过高或者过低，都会影响对方的决策。所以，我们要先了解决策锚点的设定依据，先了解说话人与听话人存在的四种关系。

第一种关系是，你不给对方设定锚点，也不给任何选择。比如，你回家发现老公在沙发上躺着看电视，你跟他说“把桌子上的东西收拾一下”，你希望他的回答是“好的”，但是他的回答多半是“我累着呢，上一天班了”，以此拒绝你的要求。这是第一种关系，说话人无法对听话人产生作用，导致沟通失败。

第二种关系是，你设定的锚点过低，也就是说，对方有一定概率会选择你给的选项。还以卖服装为例，假如衣服的吊牌价格是 1000 元，而实际价格是 950 元，那么顾客看到这两个价格就会感觉，没有便宜多少，优惠力度不大，因此销量会大大降低。

第三种关系是，你设定的锚点过高，也就是说，你的锚点之下有太多的选择项，对方需要花更多的时间思考。比如，你们超市在搞店庆活动，所有的商品都打对折。你的锚点是原价商品，现在有上百种商品都半价了，顾客就要从这上百种商品里选择自己需要的，你会发现，逛的人多，买的人少，因为家里冰箱空间有限，顾客需要花费更长的时间来思考自己究竟要买什么。

第四种关系是，预设答案，也就是你设定的锚点可以帮助对方更好地选择你给的答案。

有一个学员在我这儿学习了 2 年，学习完演说技巧后，她都可以自己开课了。第一次开课她邀请我的时候问："婉琴老师，我看了您的行程，那两天您刚好都有时间，您可以来参加课程吗？如果您能来，我会很开心，但是我也知道现在是您最忙的时候，虽然我的期待是来两天，但是没关系，就算您只是出席一下，我都很开心了。"

她给我的预设答案是，两天你可能来不了，但是只要有时间出席就可以了，于是我发现我不论多忙，都要去现场支持她。

这第四种关系就是说话人与听话人之间的最佳沟通关系，你需要给对方提前预设好答案。

我们的预设答案要怎么设置，才能准确定位到对方的决策锚定呢?

答案就是，要慎重筛选你给的选择项。

三个问题和三个解决方法

我们先来看看，在我们给对方选择项的时候，都容易出现哪些问题。

第一个问题是，选项太多。比如，你们超市做打折活动，给顾客提供了几百种打折商品，顾客就不知道如何选择了。

最有效的应对方案就是简化选项。简单来说就是去选项，留下高价值的选项。

当你提供的选项太多时，别人很难购买你的产品，因为他们无法选择。这就像我们平时用手机看一篇文章一样，如果这篇文章没有重点，全篇都是密密麻麻的字，我想你可能很快就关掉页面了。因为一般来说，用户没有那么多耐心，他们需要的是，你懂我，你知道我想要什么。

举个例子，你去一家餐厅，看到菜单里有非常多的菜品，这个时候你通常不知道点什么菜合适。一般情况下你会问服务员可不可以推荐一下，或者会看餐厅的招牌必点菜是什么，这背后的动机就是因为选项太多了，你不知道吃什么才好。

反过来我们就会发现麦当劳、肯德基等快餐店做得就不太一样，他们的商品种类是有限的，爆款产品也就几种而已，偶尔才会推出一两个新品。但是他们的销量一直保持良好，这是因为去麦当劳、肯德基的时候，我们的选择会非常精准：我就是为了买薯条，或者我就是为了买炸鸡腿。

熟悉我的朋友都知道，除了我的课程之外，我还经营一个服装品牌。卖衣服的时候，我发现了一个很有意思的现象。

如果一个客户进到店里来，把几乎所有的衣服都试穿一遍，那么他买的概率会非常小。因为他对全部衣服都很失望，没有特别中意的选择。而卖衣服的人也经常因此生闷气，明明试了那么多衣服却只买了一件。

其实这是销售方的原因，跟顾客没有关系。换句话说，顾客进店的目标就是买这件衣服，但是你没有帮助他把选择锚定清楚，比如说你要问问顾客，平时的穿衣风格是什么样的，这次要买内搭还是外套或是别的，买来是平时穿的还是准备去什么场合。当你把顾客的选择锚定在这样一个范畴之内时，你就按照这个范畴给他介绍衣服，省去了介绍其他衣服的无用功，能让顾客快速选定衣服。

而有些女生就是喜欢把所有的衣服都试一遍再做决策，这个时候你要帮她来做限定，比如，她试穿一件上衣的时候，你可以选一件合适的下装来做搭配。你可以说："亲爱的，你穿这件上衣很好看，我把这条裙子也拿给你试一下，这样搭配起来很有整体感。"这样一来，她下单的概率就大得多，而且还会买店里的配饰、包包、鞋子。最后顾客不仅买了她本来打算买的，还会乐意买下计划之外的衣服。

记住，当你给的选项太多时，你要简化选项，进行有针对性的推荐。

第二个常见问题是，选择不迫切。比如你给客户的提案，客户说没问题，后续的落地执行却没有了消息，当你询问时，对方还是说“再等等”，这就是很典型的没给客户迫切感的案例。客户的迫切感是需要营造的，需要我们通过稀缺、利好、限时等概念，加快对方下决策的速度。

如何利用“稀缺”增强紧迫感？

有这样一个经典场景，假设你是一名空姐，飞机上为乘客提供两种午餐——牛肉饭和鱼肉饭。刚开始大家都点牛肉饭，慢慢地，牛肉饭越来越少了，可鱼肉饭还剩很多，那你有什么办法把鱼肉饭赶紧推销出去？

如果你直接说“我们只剩鱼肉饭了”，那乘客肯定不开心，感觉你给他们吃剩下的饭，多半会投诉你们公司。而利用稀缺法，你可以这样说：“先生您好，我们飞机上目前提供两种餐食，一种是牛肉饭，一种是鱼肉饭。牛肉饭就是我们飞机上普通的牛肉，而鱼肉饭中的鱼，是我们专门从深海捕捞，经过特殊的烹饪手法制作而成的，含丰富的蛋白质等多种营养成分，口感非常好，很利于消化吸收，特别适合长途旅行时食用。目前大家都要鱼肉饭，现在鱼肉饭比较紧缺，请问您需要哪一种？”

不出意外，大家都会选择鱼肉饭，因为鱼肉饭被你说得那么好而且还是稀缺产品，当然要选了。

如何利用“利好”增强紧迫感？我每次开线下课程的时候，都会遇到一个特别有意思的现象，如果我们只是和目标用户说：“亲爱的，我们下个月 1 号要开课了，抓紧时间报名哟。”这个时候用户多半会想：距离开课还有 1 个月的时间，我为什么要现在报名呢？即使他意向很大，这个时候通常也会选择拖延，想着开课头几天再去报名。而这样拖延下去的结果可能就是我们流失了这个客户。其实，很多时候，客户不买单并不代表他没有需求，只是他没有感受到紧迫感，这时候就需要利用“利好”这个因素来加强他的紧迫感。

一般情况下，我们会用这样的方式，销售人员会说：“婉琴老师下个月 1 号就要开课了，如果您现在报名的话，我可以给您申请一件专属的礼物，还有机会和老师合影，近距离接触老师。”学员就会觉得，如果他现在不报名，以后报名就没有机会靠近老师。给客户创造了更好的机会，也就加速了他对报名这件事情的决定。销售人员正是向客户表达了“早报名就有机会和老师近距离接触”这一利好，给客户营造了紧迫感，促使其尽早报名。

如何利用“限时”增强紧迫感？一个典型的值得借鉴的案

例就是“双 11”。“双 11”购物之所以如此火爆，很大程度上是因为增强了购买者的紧迫感。很多商家采取的“双 11”策略是，限时五折，只有“双 11”当天这 24 小时之内全场五折，错过了时间，优惠活动便没有了。本来消费者没有那么强的购买欲望，但是被商家用限时抢购的套路增强了紧迫感，不知不觉就下单了，收到货了才后知后觉，买来的并非那么需要的东西。

除了选项太多客户无从选择、客户选择不迫切的问题，还有第三个常见问题——选项容易被拒绝。明明你的潜在用户表现出对你的产品有极大的兴趣，但是当你让他发生购买行为的时候，他还是告诉你“我没有那么多钱”，从而拒绝你。

这时候，你需要让对方“从 50% 到 100% 接受”。沟通中被拒绝是一件尴尬的事情，但是你是否反思过，为什么自己和别人沟通会被拒绝，是不是你经常以一种容易被拒绝的方式去提问，比如，“你要去还是不要去”“这件事情这样可以还是不可以”。你这样提问，对方就有一半的概率会说“不去”“不可以”。要想把这 50% 的不确定性变为 100% 的可能性，就要学会正确的提问方式，割舍掉那些会被拒绝的选项。

我大学时创业，卖过冰皮月饼。那时候的月饼普遍是按盒来卖的，一盒包装上点档次的月饼一般都要几百块钱。而那时候很多学生党1个月的生活费也就几百块钱，所以我想到一种特别的销售方式，把月饼拆分成独立包装，不按盒卖而按块卖，把每一块都做得很精美，颜值没的说。而且那时候台湾的冰皮月饼刚刚进入大陆市场，很多人没有见过冰皮月饼，对这个产品很陌生，因此都会被颜值高的冰皮月饼吸引。

这时候如果是一般的销售人员，可能会先简单介绍冰皮月饼，之后会问对方要不要买。这样的提问方式就是我刚刚提到的容易被拒绝的方式。

我在推销时会这样去问："中秋节快到了，您买月饼是送给朋友还是送给老师？"之后他一定会给我一个回答，如果他说是送朋友，我便接着问："是送普通朋友还是送女朋友？"这样再一次限定范围，他可能会说，送女朋友。这时候我就可以推荐更加符合他需求的产品。我会向他介绍："我们的情侣款月饼有两个不同的款式，这一款叫作'一生只送你一人'，寓意是你们的爱情永远保持新鲜，初心不变；这一款叫作'甜蜜桃花'，代表你们的爱情甜蜜如桃花。两款都是不错的选择。您是更想要一生守护她呢，还是更加希望你们的爱情更甜蜜呢？"无论客人选择哪一款，我都可以说："恭喜您，今天我们有免费送上门的服务，您现在买单，我们今天可以帮您把月饼送到女朋友的宿舍，非常浪漫哟。"对方会感到惊喜，买月饼还能享受送货上门的服务，于是就立刻下单了。

你发现了吗？在推销月饼的过程中，我不断地在做一件事情，那就是帮助顾客把他心中的那个答案给预设出来，同时把他限定的范围锚定清楚，让他在这个范围之内做选择，而不是在浩瀚的选择中让他自己去想他要的东西到底是什么。

用这个方法，就能把50%的不确定性变为100%的可能性。运用正确的提问方式，慎重地筛选你给的选择项。

我写到这里，你应该发现了，我想传递给大家的是，你并不是不具备影响他人的能力，只是不明白应该用什么样的方式和方法才能够加快对方做出决定的速度。要影响别人，必须要知道别人的行为动机和行为逻辑，这样我们就可以在人与人之间找到最好的、最恰当的说话关系，帮助别人快速做决定，这样的你，就是名副其实的说话高手啦！

沟通小锦囊

- 说话人与听话人之间存在四种关系：第一种关系是，你不给对方设定锚点，也不给任何选择。第二种关系是，你设定的锚点过低，也就是说，对方有一定概率会选择你给的选项。第三种关系是，你设定的锚点过高，也就是说，你的锚点之下有太多的选择项，对方需要花更多的时间思考。第四种关系是，预设答案，也就是你设定的锚点可以帮助对方更好地选择你给的答案。

- 预设答案要怎么设置？答案就是，要慎重地筛选你给的选择项。

- 给对方选项时容易出现的三个问题：选项太多，客户无从选择；客户选择不迫切；选项容易被拒绝。三种应对方案：简化选项；通过稀缺、利好、限时等概念，加快对方下决策的速度；用“从 50% 到 100% 接受”的方法说服对方。

04

注意力唤醒，快速勾起对方的真实兴趣

美国学者迈克尔·戈德海伯曾经提出注意力经济的概念，他认为注意力是一种稀缺资源，如何能够在茫茫人海、信息量无限扩大的社会里抓住对方对我们的注意力，就需要有一定的技巧了。

在沟通中，我们要如何引起对方的兴趣，让他从无感到有感呢？可以运用这三个方法：投其所好、关键表达、效果先行。

抓住对方注意力的第一个方法：投其所好

莎士比亚说过："当人们心理满意时，就会愿意付出高价。"

每个人心中都有想要的东西，在谈判中我们需要关注对方真正关心的东西及需求点，让对方得到满足，进而实现自己的谈判目的。心理学上有个词叫投射效应，也是这个意思。如果自己能够在对方关心的问题或爱好上与对方产生共同的观点，那沟通就会变得很容易，也更容易让对方产生信任和好感，最后达成合作。

前段时间，我们公司的人事部准备给大家做下半年的员工能力提升培训。开全体员工早会的时候，我看大家都没说话，只有人事部的负责人自顾自地说了大概20分钟，快结束的时候，他说了句："我们准备先在全公司开展读书会，各位同事有什么好的建议和意见，或者有什么需求，请说说看。"全场鸦雀无声，没有人接话，我估计大家心里都在想：我为什么要参加读书会？我为什么要接受培训？我每天上班已经够累了，休息的时间都不够，为什么要配合人事部做这种无关紧要的培训？

尴尬的气氛持续了大概1分钟，人事主管说："没有人主动发言，我们就按照座位顺序每人都来说一句自己的想法吧！"我当时就想，我们公司这么多人，全部回答完，时间够吗？他可能也意识到了这个问题，后来补充了一句："今天几个人先回答，明天几个人，后天再几个人。”他的目的是全场必须都回答，虽然当天他点到的人都有做出回答，但显然这是非常失败的沟通方式。不管你喜不喜欢我，就要你回答，这是沟通中最可怕的模式。

本来早上大家都激情满满地去开早会，结果被人事主管这样安排，所有的同事都灰头土脸地回去工作，本来用来动员员工的早会起到了相反的效果，这就是一种典型的错误沟通方式。

员工为什么不配合他？原因非常简单，这种行为与员工无关，又让员工不喜欢。

早会结束，我立刻把人事主管叫到我的办公室，我问他：“刚刚的早会你认为是否有什么问题？”他自己也回答不上来，但是他告诉我，自己经常在公司内部推动做一些培训，但总是推动不下去。

我这样和他说：“做人事工作的一定要记住，如果你要推动的工作是和大多数员工不发生关系的，那别人是不愿意配合的，想要工作顺利进行，一定要记住8个字：与他有关，让他喜欢。”

具体如何用话术去达到这个效果呢？他可以这样说：“亲爱的全体同事，我们马上就要开展下半年的工作了，各个部门已经把下半年的业绩定出来了，我想问问大家，你们是想在年底拿更多奖金，还是随便做点业绩就把今年结束？你们想要哪个结果？你们部门是希望在公司排名第一，还是排名靠后呢？”这样简单的几句话就调动了员工的斗志，提升了员工的参与度，每个人肯定都是想要更好的结果发生在自己和自己部门身上。

之后他可以这样说：“想要完成更好的业绩，每个人都需要拥有更强的能力。人事部现在的工作不是特别忙，如果大家想要提升一些能力，可以提前告诉我们，我们来帮大家安排相应的培训，帮大家提升能力，让大家更好地完成每个月的业绩，年底拿更多的奖金回家过年，你们觉得怎么样？”员工一听人事这样说，就会意识到培训这件事情是和他有很大关系的，关乎他能不能拿到更多的奖金，对人事部的培训活动自然也会大力支持了。

你看，还是动员员工参加培训这件事，但是思维一转，措辞方式一变，让人感觉立刻不一样了，结果自然就大不相同。

这个方法就叫作“投其所好”。在商务沟通中，我们要非常精准地找到对方的喜好，从对方的喜好出发，想方设法去抓取对方的注意力，突破对方的心理防线，让对方认可自己，这样自然就事半功倍了。

再来分享一个案例。我曾经去五台山游学，与我们同行的有一位摄影师，一路上负责给我们拍照。虽然这是他的本职工作，但是谁也不喜欢被别人指挥。我们的一个学员非常有智慧，他从来不会用命令的口吻对摄影师说："你过来帮我拍一张照片。"而是用"投其所好"的方式，摄影师每拍一张他都会说："啊，专业的摄影师就是不一样，你拍出来的照片特别像电影大片。你拍得这么好，能不能再帮我拍一张，我回家之后向家人'炫耀'一下。"摄影师一听自己的专业技术被肯定，更愿意多拍几张，而且他看到你被他拍得那么开心，他会更加愿意帮你拍，这就叫作"与他有关，让他喜欢"，摄影师拍起来很起劲，想要被拍的人也得到了美美的照片，这就是"投其所好"带来的双赢结果。

抓住对方注意力的第二个方法：关键表达

关键表达的核心是话题切入，抓住核心问题直接表达。全球知名公司英特尔的前CEO（首席执行官）葛洛夫说过："有效的沟通取决于沟通者对话题的充分掌握，而非措辞的甜美。"在沟通中，我们首先要做的是寻找对话双方的共同目标，你要了解自己的问题和需求是什么，对方的问题是什么，双方要通过这场对话解决什么问题，抓住这个核心点去切入话题。

其实，关键表达无非做到说话有重点，尤其是在职场、商场中。有的人在线上交流工作的时候，喜欢发语音消息，我最怕超长的语音消息，60 秒的语音我真的是不想听，有的人更是会一口气给我发上五六条 60 秒的语音消息。大家的工作都很忙，对方的普通话也不一定标准，智能识别不一定到位，语音消息又没有快捷键，中间稍微一走神就需要从头再听。60 秒的语音消息如果收到五条，就需要花费 5 分钟时间来听。这种情况下的语音，我基本上是不听的，因为对方没有说重点。

员工滔滔不绝地跟老板汇报工作，没有重点，让老板觉得一头雾水，这样的员工想必也不会得到重用。如何让领导听到你工作汇报的重点，需要掌握三个关键点：

第一点：你清楚地了解对方的需求，知道对方的关心点。

第二点：你知道你所表达的内容和对方之间的契合点。

第三点：你知道你能解决什么问题。当你和领导汇报工作的时候，领导最注重的是结果，所有的汇报都要围绕结果去进行，千万不要跑偏。

举个例子，假设你要去汇报一个项目，可以这么说："老板，我最近在开展 ×× 工作，预计在今年 6 月份完成，现在 5 月中旬了，我们可能无法按时完成。"让老板提前知晓结果。

接下来，还要展开来，把导致工作无法按时完成的原因分条和老板汇报清楚。

最后，也是关键的，告诉老板你要怎么去解决这个问题。虽然因为种种原因无法遵照原计划完成，但是你还是想到了一些解决方案，把你的解决方案跟老板讲清楚，说明按照这些方案实施，虽然 6 月份不能完成，但是再给你 15 天，你一定能够完成。

这就是关键表达，围绕着关键核心去说话，你的表达就会有重点，而且能够抓住对方想要的东西，这样的工作汇报必然会让老板满意。

再比如，我们身边都有爱分享自己经历的朋友，也许正在看这本书的你就是一个爱分享的人。但是有些时候朋友对你的分享并不是很感兴趣，这该怎么办呢？比如，你去云南旅游了，回来会和朋友说，西双版纳真的好美啊，然后夸夸其谈，讲自己的旅行经历。对方可能心里想的是：你说的这些和我有什么关系啊？去西双版纳的又不是我。

这时候，你可以换一种表达方式，抓住朋友的注意力。你可以这样说："我一定要跟你分享，我最近去云南的西双版纳旅游，我觉得有机会你一定要去！那边可以穿上傣族的衣服，在具有云南特色的建筑前拍照，你那么喜欢拍照又那么上镜，拍出来的照片一定会很美。而且你又是喜欢全国各地美食的人，我一定要告诉你西双版纳的美食真的很有特色。我们去的那家店做的是正宗的云南菜，你去的时候我把地址推送给你。"这样换一种表达方式之后，虽然你也是在分享西双版纳旅行的快乐，但是抓住了对方关心的点，把他关心的点和自己想要分享的喜悦绑定在一起，朋友自然就会愿意集中注意力来听你的分享了。

抓住对方注意力的第三个方法：效果先行

在这里，我们要注意两个方面：一是我们和沟通对象的关系，也就是对方的身份；二是我们能给对方带来什么样的收益，让对方为了这个收益去行动。

创业圈子里流传着这样一句话：一个优秀的创业者，要学会给投资人正向的期望。这当然是一句玩笑话，但背后反映了一个四字真理：利益驱动。效果先行需要你在表达的时候先说出你能带来的利益点，再沟通细节，总结出一个公式就是：获得＋细节。

比如，你要向老板争取一个新的项目，套用“获得＋细节”这个公式，你可以这么跟他说：“老板，我最近发现一个新的项目，并且做了详细的市场调研，这个项目如果做下去，以后能帮助公司增加1000万的销售额。”

先把对公司的好处，也就是“获得”输出给老板，迅速抓住老板的兴趣，然后向老板汇报这个项目实际操作起来具体需要哪些步骤，确保自己的表达清晰到位。这样一来，老板会觉得你是思考清楚才来汇报的。

这就是目标和利益给人带来的巨大动力。很多人都说，我们要找到对方的角色利益点，以利益去打动对方。如果对方是下属，那可以用未来畅想点燃他的斗志，让他更投入；如果对方是老板，你就需要给老板明确的可实现的价值期许，从而让老板给你投入更多的资源；如果对方是客户，那你也可以找到对方的合作期望，并强化共赢目标，最后吸引对方达成合作。

根据沟通对象的变化，要善于找到能打动对方的核心利益点，以利益驱动对方，才是一个优秀表达者的法宝。

当然，效果先行的沟通方式不仅适用于职场，生活中借助这个方法，也可以让你变成一个有智慧的爱人。

举个例子，很多女性朋友有了小孩之后，想要再出去工作，但老公往往不同意，因为他希望妻子在家带孩子。那么该如何说服老公，让他愿意支持妻子去做自己的新事业，实现自己的人生价值呢？

同样，需要先讲获得，再讲细节——“老公，我最近有个想法，想要做一点事情来实现人生价值。我知道你很爱我，不想让我受苦，觉得我在家带孩子就行了。但是咱们的孩子很聪明，一直在不断长大。在家带孩子的这段时间我发现，我的圈子、我的眼界就这么一点点大，如果我不成长，不去实现人生价值，我是没有信心和能量把孩子培养得更好的，所以为了把孩子培养得更好，我还是想要出去工作。你对我的支持很重要！”

出去工作实现人生价值，会有能力把孩子培养得更好，这对家庭来说就是最大的益处。之后你再告诉他：“为了不让你担心，我会提前做好准备，安顿好家里和孩子的事情。”

你把具体安排好的事情告诉他，他就会觉得，你要去找工作的事情不是心血来潮，同样他也会因为你的周密安排感觉很踏实。通过这种方式就可以快速让老公了解你的想法，并且让你获得想要的结果。

没人喜欢听别人滔滔不绝，除非跟自己有关。所以我们在沟通的时候，开口就要抓住别人的吸引力。快速抓住别人注意力的三个方法你记住了吗？第一是投其所好，从对方的喜好出发，攻克对方的心理防线，让对方认可自己，抓住对方的注意力；第二是要学会关键表达，在沟通中抓住双方的问题及共同的目标；第三是效果先行，根据沟通对象的变化，善于找到能打动对方的核心利益点，以利益驱动对方，让对方跟着自己的需求走，满足双方的期待。

建议大家把这三个方法应用到现实生活中，换一种沟通方式，看看有没有获得你想要的结果。

沟通小锦囊

- 注意力是一种稀缺资源，那么如何能够在茫茫人海、信息量无限扩大的社会里，抓住对方对我们的注意力，就需要有一定的技巧了。

- 快速抓住别人注意力的三个方法：第一是投其所好，从对方的喜好出发，攻克对方的心理防线，让对方认可自己，抓住对方的注意力；第二是要学会关键表达，在沟通中抓住双方的问题及共同的目标；第三是效果先行，根据沟通对象的变化，善于找到能打动对方的核心利益点，以利益驱动对方，让对方跟着自己的需求走，满足双方的期待。

05

构建需求清单，用非物质方式改变他人

做生意的人都知道，当产品卖得不好时，就会习惯采用促销的方式。产品优惠是好的促销手段，但能不能形成购买力，还是首先要看需求，其次才是价格。人的需求越迫切，购买的意愿才越强烈。

比如，你去游玩，爬山的时候会发现，山顶超市卖的水往往比山下超市卖的水贵很多，但是你爬到山顶还是会买“贵”的水，原因是什么呢？因为你口渴了。“口渴”这个需求点就促使你买水的行动非常迫切，你首先在意的并不是这瓶水值不值这个钱，贵不贵，而是你特别想拥有它，特别想体验打开瓶盖喝一口的那种美妙感觉，即使你知道，这瓶水

跟山下的没什么不同，并且也知道自己买贵了，但是你还是会义无反顾，这就是需求的力量。

找出他人的缺乏感

所以，你想改变别人，或者你想你的产品卖得好，首先就要找到他人的“需求点”，利用需求点去改变他人。你还要思考这样一个问题：人为什么会有需求？是不是因为我们想拥有却没拥有，想得到还没得到，我们缺乏这个东西，所以我们就有了需求？你想了解别人的需求，首先要找出他人的缺乏感。

现在在你的脑海里，你可以建立这样一张三角形的图，最上面的顶点是我们要寻找的缺乏感，也就是对方心中理想

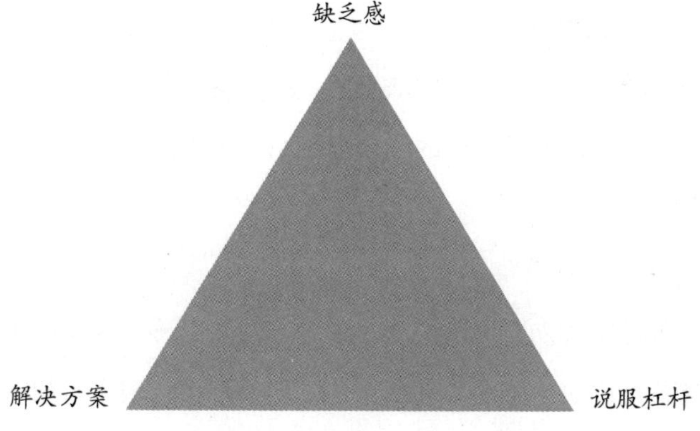

与现实的落差。有了这个缺乏感，就需要解决方案，所以左下角的点是解决方案，也就是满足缺乏感的目标物，而右下角的点就是你的说服杠杆，也就是说服他人改变的支撑点——理由。

就比如你是山下超市的老板，进来一个顾客，你直接跟顾客说：“你多买点水吧，不然等你累了想喝的时候没有，而山顶的水又很贵。”你觉得你这个话术很好，告诉了对方真相，甚至对方也认可你说的话，但他还是不买，原因就是他现在没有对水的缺乏感，或者他带了一瓶感觉够喝了。在这种情况下，他不会选择听从你的建议，他目前缺乏的是一根登山杖，因为马上要走山路，很累，需要一个辅助工具，你了解了这个缺乏点，就不应该推荐水，而是推荐一根登山杖，虽然你不能卖出去更多的水，但是你可以卖出更多的登山杖，销售额可能会更高。

这就是你利用对方的缺乏感，找到目标物，再找到说服对方的理由，形成良性的三角形关系，你说服他人的成功率就会很高。

那有什么方法可以快速找到对方的缺乏感？我总结了四种容易形成缺乏感的心理状态，它们是群体比较、时间差比较、任务比较和角色比较。

首先我们说第一种群体比较，就是别人有，我没有。比如，你在公司加班了，下班后你跟同事们大多选择打车回家。你站在路边等了很久才打到车，而其他的同事都用打车软件，早就约好了车，一下楼车就到了，非常方便。解决方法是不是，你也马上下载个打车软件，以后也可以优雅地出门就上车，不需要再在路边焦急地等待了？

第二个是时间差比较，过去没有，但是现在可以有。给大家举一个非常典型的例子，我们的上一辈年轻的时候都是经历过苦日子的。那时候没有多余的钱，他们舍不得给自己买好看的衣服，舍不得出去旅游。我妈妈就是这样，虽然现在生活条件好了，但是还一直保持着勤俭节约的习惯。有一次我陪妈妈去买衣服，她试了一件之后嫌贵不想买了。这时候卖衣服的小妹妹就和我妈妈说："阿姨，您和我妈一样，年轻的时候可能家里比较穷，会觉得买这些衣服太贵了，但是您看现在您女儿那么孝顺，陪您来买衣服，生活条件也都越来越好。您年轻的时候没有条件买漂亮的衣服，现在年龄大了有条件了，当然要享受好日子了。您看这衣服很衬您，之后去一些场合刚好能够穿到。"我妈妈听了瞬间觉得这衣服可以买，而且又试了几件，一口气在她店里买了三件衣服。

第三种是任务比较，就是你有一个既定目标，结果没完成。比如，你和老公计划年底买一辆车，结果由于钱不够，没买成。那解决方案是什么呢？你的销售小哥哥帮你推荐了另一款价格合适，又能满足你们需求的车，那你是不是就可以达成目标了？

比如说，现在的年轻人买房子，可能一下子负担不了太贵的房子，就退而求其次。作为房地产销售员，可以介绍给年轻人现在能负担的房子，等他们奋斗个几年再来换更大更高档的房子。这就是任务比较法，当一个目标当下无法实现的时候，退而求其次，先去实现一个小一点的目标。

第四种是角色比较，就是角色定位和自我之间的比较。比如，你虽然非常喜欢嘻哈风格的衣服，但是作为一名职场白领，你上班需要显得更职业，穿正装跟你上班的角色定位更匹配。那么如果你是做服装行业的，你就可以为你的顾客营造这种角色定位，比如，“你作为一名职业女性，这套衣服更符合你的气质”“这套衣服穿起来很舒服，而且面料也是很亲肤的，平时抱孩子也不会被衣服剐蹭到，如果您平时带孩子比较多的话，选择这一套不会出错”等，让她更有自我认同感，从而认同你的观点和建议。根据客户不同的角色背后隐藏的动机，击穿客户的需求，这样对方的需求被唤醒，更容易实现购买的行为。

我们借助以上四种心理状态，找到了对方内心的缺乏感，可是，是不是满足了对方的缺乏感就能满足对方的需求了呢？

找到对方的关键需求点

伟大的心理学家马斯洛曾经提出马斯洛需求层次理论，他的意思是人们需要动力去实现某些需求，而有些需求优于其他需求。比如，人开始只需要吃饭、喝水；慢慢地，需要工作、社会地位；慢慢地，还需要寻找人生价值、人生意义；等等。也就是说，需求是缺乏感的链式反应，需要逐级去满足。比如，你对品质生活有缺乏感，那你的需求就是有名牌衣服、名牌包包、出门有车、能经常度假等等。这些都是你的需求清单，这些需求清单其实在你内心有个先后顺序，最优先想要拥有的缺乏感最强烈。如果对方能说中这个点，那么你被说服或改变的概率就更大。

我们要如何收集有效信息，找到对方的关键需求点呢？方法就是三成信息量应答，也就是你让对方说得更多，而你只说三成。这样做的好处是，你可以通过不断提问、不断制造话题，让对方说得更多，这样你就有机会得到更多的信息，从而了解对方的需求。

三个表达方法，更快说服对方

当你获知了对方的需求，可以使用下面三个方法，更快地说服对方，它们分别是获得式表达、改变式表达和参与式表达。

什么是获得式表达？意思是满足获得感的需求，表达出得到的价值。

例如，你是公司某部门的经理，员工想离职，原因是工资低，但你不希望他走，想挽留他，你要如何挽留想要钱的员工？

你要先分析，他想获得钱，其实想获得的是钱给自己带来的满足感，证明自己有能力，有价值，所以你只要给他价值足够高的东西，就可以改变他的想法。

你可以说："我知道凭你的能力，离开咱们公司后，可以拿到比现在高的工资，所以我首先要恭喜你，你的能力值得拥有这么高的工资。但是我也想请你考虑这样一个问题，目前你参与的项目是公司的大项目，也可以说是行业中数一数二的项目，相比你的工资而言，项目经验要值钱得多，而我相信给你高工资的公司也同样看中了你的项目经验。如果你离开公司，你的项目经验也就目前参与的这些，而如果你留在公司，未来你可能参与更多大项目，这些经验带给你的价值，远远高于你目前拿到的工资，我认为你的前景不仅仅是用工资来衡量的。”我想，大多数人看到这样的未来，就不会纠结眼前的这点工资。

再举个例子，你想要闺密陪你去看某位明星的演唱会，不要直接提要求“陪我去看 ×× 的演唱会好不好”。闺密每天都忙得焦头烂额，而且对这位明星的感觉也可能一般般，很可能她就直接拒绝你了。你可以这样说：“亲爱的，我知道你平时不喜欢看演唱会，也不追星，但是我今天邀请你跟我一起去看这场演唱会，就是想要带你去放松一下。而且你看，这个不老男神是我们的青春回忆，我们不是去看一场演唱会，而是去找我们的青春回忆啊！”闺密听了就会发现，去看一场演唱会不仅能放松心情，还能找到青春的回忆，欲望一下子被勾起来。这就是获得式表达。

什么是改变式表达？意思是满足改变的需求，表达出成长的价值。我的公司有一位员工一直想要当讲师，我想要让他从做主持人开始锻炼。但是，我知道他其实是抗拒主持人这个工作的，因为觉得这个身份和他不是很匹配。我就用改变式的表达方法去说服他。我是这样说的："你最近的状态特别好，我准备给你安排一个更大的挑战，如果你能出色完成的话，以后的发展机会会更广阔。"他一听我这么说立马斗志昂扬起来，问我是什么挑战。我说："公司最近刚好需要主持人，当年我也是从做主持人开始的。刚好有这个机会可以锻炼一下，主持人和讲师其实有共同点，你看我也从主持人做到了讲师，实现了华丽转身，你也可以通过这个方式，先在舞台上把你的自信练起来，把你的表达能力练起来，把你的气场练起来，练一段时间之后，你当讲师就绰绰有余了。"他听到当主持人磨炼的素质和技巧刚好是他当讲师最需要的，就欣然答应了。

我的工作是长期关注女性成长，很多时候我发现女性想要去改变自我，提升自我，但是考虑的因素会很多。比如，要做家务，要带孩子，没有时间，这些因素会成为阻碍女性成长的理由。这时候我通常会提醒她们：你为什么想要去成长？你为什么要去改变？你付出努力去提升之后能有怎样的收获？单调的家庭生活会因为你的成长而更加丰富，更加和谐；孩子也会以你为榜样，更加崇拜你。为了获得这样的结果，收获这样的人生，女性应该主动选择去成长，让自己更有智慧。我会把结果告诉女性朋友们，考量之后她们就会更愿意去成长。

你给客户设定目标，给他改变的机会，对渴望实现自身价值的人来说，是很有诱惑力的。

什么是参与式表达？之前我们在分析个体心理的真相时，知道了人们不愿意被改变，是因为经常觉得被命令，而参与式表达正是把命令改成参与，这样对方就会欣然接受你的建议，你也能更好地影响对方。

参与式表达的核心是满足对方参与的需求，表达出他存在的价值。

比如，作为女性，家庭中各种烦琐的小事会让人头大，如自己和婆婆相处不太好，你的妈妈和老公之间也常常会发生小摩擦，又或是你和老公之间的育儿观念不同。家庭中有很多的小矛盾不可调和，在其中调和的往往是女性，可是很多时候我们费了很大的力气去周旋，却起不到好的效果。这个时候就可以用参与式表达来解决问题。

首先，你需要发起一场家庭会议。在会上先不说矛盾，而是让大家达成一个共识：每个人都是希望自己的家庭越来越幸福，给孩子创造更好的生活环境。之后你可以说，家庭的美好是大家共建的，不是被命令出来的，我们可以一起来讨论家人之间应该怎么相处可以让家庭更和谐。每个人都有发言的机会，都有表达意见的机会，所有家庭成员都参与进来。这样每个人都会觉得：我是家庭的一部分，我的家庭和谐和我的做法是息息相关的。

参与式表达，一样可以用在职场团队中。通常公司团队的目标都是领导制定之后，再指派员工去完成。这种自上而下的目标会给员工带来很大的压力，认为这是在帮助领导完成目标，帮助公司完成目标，有一种被动感和压迫感。我在公司会采用不同的方式来定目标。每年我会先预估一个期望的目标值，之后再召集高管团队制定年度目标，我会说根据你们团队的需求和实际情况来制定，而后各个团队制定的目标汇集到我这里之后，我发现超出我的预期。并且在日常的工作中，每位员工都是在元气满满地工作的，因为他们并不是在完成老板发号的指令，而是在努力完成自己参与制定的目标。我就是用这样的方式激发员工的动力，实现 100% 的目标完成率。

所以，参与式表达，就是让对方更有参与感，感觉到价值和意义。

电影《小王子》中有一句话：最重要的东西往往是看不见的。不是所有的物质手段都可以改变他人的决策，只有需求迫切，才能快速改变。构建需求清单，用非物质的方法改变他人，形成自己的表达影响力。

沟通小锦囊

- 想了解别人的需求，首先要找出他人的缺乏感。

- 如何找到对方的关键需求点呢？方法就是三成信息量应答，也就是你让对方说得更多，而你只说三成。这样做的好处是，你可以通过不断提问、不断制造话题，让对方说得更多，这样你就有机会得到更多的信息，从而了解对方的需求。

- 当你获知了对方的需求，可以使用下面这三个方法，更快地说服对方，它们分别是获得式表达、改变式表达和参与式表达。

PART 2

用情商精准表达自己

06

礼物思维：用给予的心态表达

我常常讲，说话是一门艺术和学问，我们要把说话当成给别人的一件漂亮礼物，而不是简单的“征服”或“说教”。如果你嘴上说“我想与你分享一些事情”，用意却是“我要告诉你，你错在哪里”，对方就会关闭沟通通道。保持“礼物思维”，会让我们在说话时建立一种有效沟通的对话状态。

你需要经过四个步骤：建立心态，找准目标，明确角色，学会包装。

礼物思维第一步：建立心态

你需要建立一个分享的给予心态，通过平等对话的状态，把你擅长、了解的内容分享出来，并希望对对方有用。建立分享心态的过程，同时也是帮我们了解自我的过程，只有在充分认识到自己水平的边界、充分梳理自己的知识经验后，我们才能知道自己有什么能给予他人。另外，这个过程也是一个克服自我怀疑、不自信和紧张的过程。我们每个人在经过学习、工作和生活的成长磨炼后，都有擅长的东西，但很多人都看低了自己，觉得自己并没有特别厉害的地方，没有什么值得分享给别人。了解自我并学会主动分享后，你的自信会提高，怀着这样的心态，你就能说出最好的内容。

我有一个朋友，在一家大公司做了很多年的人事后，开始创业，专门帮人做职业规划。在决定辞职创业前，他其实有很长一段时间都在犹豫，他犹豫的点不是创业能不能成功，而是自己是不是能做这样的事情，自己能不能真的帮助别人找到人生重要的职业方向。这个朋友用SWOT（一种战略分析方法）剖析了自我，分析了自己在创业这件事情上的优势、劣势、竞争力和机会。最后他得出结论，自己有很多年的企业用人招聘经验，也很了解一般公司各个岗位的用人需求，而在长期的职业生涯积累下，他对于什么样的人适合什么样的岗位有非常强的判断力。最重要的是，他很想用自己的经验，帮助那些迷茫而又不知道前路的年轻人找到适合自己的人生道路。于是他下定决心开始创业，他现在已经帮助很多刚进入社会的年轻人找到了适合自己的工作，还帮助一些全职妈妈重回职场。

这就是分享的心态带给我们的帮助。

礼物思维第二步：找准目标

找准目标，也就是搞清楚我们为什么要开口，要达到什么效果。我们送礼物给其他人的背后都有一个目标，或者是为了巩固双方的关系，或者是想让对方开心，确定好目标后送礼物才能投其所好。

之前我在参加《超级演说家》女性专场时，节目组希望所有人的状态和表达都能做到最好，所以我一直在改演讲稿。就在开始录制前的那个晚上，半夜12点多，我们全部的参赛者开始集体进行彩排，就在上场后，我突然忘词了，所有已经背下来的内容从我的脑子里全部飞走了，我站在台上，聚光灯打在我身上，但我完全张不开嘴，不知道说什么。

我很沮丧地走下舞台，导演走过来跟我说："不应该啊，柳老师，你参加过那么多大型活动，这只是彩排，你怎么会忘词呢？"

回到酒店后，我开始分析忘词的原因，后来发现，是因为站在台上的时候，我太想赢了。我总觉得自己就是教别人做演讲的，要是拿不到冠军，这得多丢人！于是"想赢"成为我站在舞台上的全部目的，最后越想赢越受挫。

这其实是不对的，也和我做演讲的初衷背离了，我做演讲只是想通过自己的分享去帮助别人，给别人力量。想通了这个道理后，我开始调整心态，从想要赢，变成我为什么做这场演讲，我能通过这场演讲给观众提供什么，给其他人带来什么。

当我开始把目标从"想赢"调整为"利他"后，我发现一切都顺了，所有的逻辑、所有的演讲词都飞回我的脑海里。放弃了赢的目标的我，最后反而获得了那场比赛的冠军。

这就是礼物思维中利他的力量，它能帮助我们在表达前首先做好倾听，去更好地了解别人的问题和需求，找到对话的支点，从而更好地了解对方想要从你这里获得什么，你也能讲出对别人更有帮助的话。

礼物思维第三步：明确角色

我们要学会在任何对话场景里建立一种朋友思维，也就是不对抗、不对立。

这里你可能会纳闷，有时候在和别人谈话沟通的时候，目的就是要说服对方，这时候双方的立场就是对立的，怎么还能和对方做朋友呢？

我希望你仔细回想一下，你是否有过这样的经历，就是在和人沟通的过程中，当双方的观点出现对立的时候，你脑海里说服对方的想法就开始慢慢占据上风，双方的沟通对话逐渐偏离原本的目的，最后甚至变成了互相攻击。

比如在商务谈判的过程中，如果谈判的双方都首先考虑自己的利益，而忘掉对方的利益，这种情况下的谈判往往会以失败告终。不妨转换这种对立感，把自己变成朋友的角色和对方洽谈。朋友之间最重要的一点是互惠，你可以告诉对方，这次合作你可以带给他的益处是什么，可以为他创造的价值是什么，这时候你会发现，本来双方之间存在的那些隔阂瞬间消失了，取而代之的是双方的互助和促进。

当年我们公司要做直播的时候，我们需要很多流量大的合作伙伴，因为直播需要流量来带动。这个时候我都会以朋友的角色代入，去和对方洽谈。我首先会告诉合作方，我们公司有多年的沉淀，有特别专业的团队，双方如果合作，会是强强联合，能够给对方赋能。用这样的方式去谈合作是非常顺利的，因为在谈判的过程中，我不是一味去向对方索取，我的价值会被对方看到。甚至有朋友为了全力以赴完成一场直播，把公司 1000 多个销售员都安排下去配合我们的工作。当时我也很感动，这么多人愿意支持我们，是因为我们在以朋友的角色去面对所有的谈判。

这就是我们所说的沟通中的朋友思维，不管是谈工资还是谈合作，在双方的沟通中，很多人会因对方的否定而产生负面情绪，一旦出现跟自己不一样的意见，就会表现出抗拒。实际上这达不到沟通的效果，要记住，我们要带着解决问题的思路去沟通，即使出现分歧，也要尽力站在对方的角度去找到共赢的方法，达到沟通的目的。

礼物思维第四步：学会包装

让自己说出漂亮话。我们在把礼物送给别人之前的最后一步，都会想找好看的包装纸和丝带把礼物包装起来，让对方感受到你心意的同时，也觉得礼物令人赏心悦目。说话也是一样，不仅要把话说对，还要学会怎么把话说得漂亮，亮出你的高情商。

很多人不理解什么叫说得漂亮，只简单理解成说话要动听，“见人说人话，见鬼说鬼话”。事实上，话说得漂亮也有一些小技巧。

第一，意思要准确。中文是一种博大精深的语言，同一句话哪怕换个语气，也是南辕北辙的两个意思。因此在对话时，一定要注意准确表达自己的观点，清晰地组织语言，避免引起歧义，产生误解，制造出不必要的矛盾。尤其需要注意的是，有些口头禅千万不要讲，比如“是吗”。别人跟你说话之后，你说一句“是吗”，会让对方觉得你是带着怀疑的腔调说这两个字的。“真的吗？真的假的？”这样的话也要慎说，因为这样的语言会产生很大的误会，虽然对你来讲只是口头禅，但是对别人来讲你是在怀疑和否定。

第二，要注意表达的技巧，让听的人更舒服。比如，和对方聊一件事情，最后你想要确定对方是不是完全理解，这时候你最好不要说“你听懂了吗”，可以说“不知道我有没有表达清楚呢”。这两句话的差距是非常大的，我们是沟通的发起者，所以有责任用对方熟悉的方式沟通，确保对方听明白。

我在向员工传递信息的时候，都会问一句“关于我的战略我说明白了吗”。这样有任何问题他们也都会第一时间反馈给我，我们再做进一步的沟通。当我选择用这种让对方舒服的方式讲话的时候，员工的精神面貌也会更加朝气蓬勃。如果你的工作需要你经常去跟别人谈判，把“你能为我做什么”换成“我能为你做什么”。用这种让对方舒服的方式讲话，双方的关系和合作方式都会变得不一样。

第三，善于说场面话，用赞美的话打动对方。无论是谁都喜欢听别人说赞美的话，这是人的本性。赞美在人际关系中不仅是润滑剂，还是解毒散，许多尴尬之事都可用它化解。比如，去别人家做客，作为受邀客人适当恭维一下主人家是必要的社交礼仪。主人家的饭菜丰盛可口，小孩聪明乖巧，等等，这类表达都是不可或缺的。

在商务合作中也是一样的。举个例子，我想要和一位主讲销售的老师合作一门课程，我发现他是一位价值观非常正的销售老师。我想，赞美他讲课讲得好的大有人在，于是我另辟蹊径，对他说：“老师，我真的很喜欢你，我见过非常多的销售从业人员，我觉得你和他们都不一样，你让人感觉非常舒服，而且也是我见过的为数不多的价值观非常正的销售员。”之后，我们合作的洽谈推进得非常快，一个合作下来，他也很重视我们之间的合作。

第四，说话要懂得恰到好处。客气话是表示你的恭敬和感激，当你和对方并不熟悉的时候，适度地矜持寒暄，反而能慢慢跟对方建立关系。过于夸张反而适得其反，并不能让人感到你的真诚。比如，在一个聚会上，朋友介绍你认识一个陌生人，你简单地自我介绍后再问一句对方在哪里高就就好，可要是你上来就天花乱坠地乱夸一通，最后发现对方只是在一家普通公司担任一个普通职位，那才让大家都尴尬呢。

经常用礼物思维去表达，不仅你的人脉会越来越广，你的口碑也会越来越好，你和别人的沟通也会更加顺利。

沟通小锦囊

- 保持“礼物思维”，会让我们在说话时建立一种有效沟通的对话状态。建立礼物思维，你需要经过四个步骤：建立心态，找准目标，明确角色，学会包装。

- 关于把话说得漂亮，有一些小技巧：第一，意思要准确；第二，要注意表达的技巧，让听的人更舒服；第三，善于说场面话，用赞美的话打动对方；第四，说话要懂得恰到好处。

- 有些口头禅千万不要讲，比如“真的吗”“真的假的”，这样的语言会产生很大的误会，虽然对你来讲只是口头禅，但是对别人来讲你是在怀疑和否定。

07

调配适当的“甜咸比”，说话才动听

契诃夫曾经说过：“书是音符，谈话才是歌。”意思是书里讲的内容，只有通过语言的沟通、交流，才能让人理解其中的意思，可见说话、表达的重要性。契诃夫把说话比喻成唱歌，我们平时与人说话、沟通是不是也如歌声一般甜美呢？你可能也经常告诫自己，说话要动听些，但是一张嘴就事与愿违了。

你和同事一起讨论问题，你的同事刚提出一个观点，你不同意他的观点，马上反驳道：“不是这样的。”“怎么可能？应该是这样的。”诸如此类。之后会发现，大家都不太喜欢跟你一起讨论问题了。

你回到家，老公跟你说："亲爱的，我今天好累啊！"你说："累不是很正常的事吗？难道我上班就不累了吗？"于是话题到此结束了。

你跟朋友们聚会吃饭的时候，碰到你喜欢的话题，可以滔滔不绝，甚至经常打断别人的谈话；碰到你不喜欢的话题，一句话都说不出来，又搞得很尴尬，还冷场。慢慢地，你会越来越抗拒参加社交活动。

上面的几种说话方式，就是我们常说的不会说话甚至说话不好听，大致可分为三个方面：第一，自我，爱表现，无视他人的感受；第二，情商低，缺乏同理心；第三，说话不合时宜，要么打断别人，要么冷场。

为什么会形成这样的说话方式？其实，这多半跟我们的思考方式有关，不管是爱表现的，还是缺乏同理心的，还是说话不合时宜的，他们的共同点是，一开口先从自己的角度出发，没有为对方考虑，自己想什么就说什么。表面上看自己是个直肠子，但这样的说话方式本身就缺乏智慧，因为你让别人感到不舒服。就像我们吃饭一样，太甜的或者太咸的饭都会让人无法下咽。同样一件事情，我们为什么不能把我们的想法和建议用幽默有趣、容易让人接受的方式说出来呢？

怎样说话才好听呢？我的建议是，调配适当的“甜咸比”，说话才动听。

为什么要在对话中调配“甜咸比”

你可能会好奇，“甜咸比”是食物中的概念，放在说话里到底要怎么做呢？道理很简单，同样一道菜，换不同的人做，口味就会不同，有的人做出来偏甜，有的人做出来偏咸，而大厨做出来的菜就美味可口，甜咸适中。

我们说话跟做菜一样，你需要控制好说话的甜咸比例，也就是说好话和说“坏话”的比例。一般来说，好话 4 分说，“坏话”1 分说。好话，顾名思义就是那些赞美的、肯定的，让对方听起来舒服的话语。“坏话”就是我们俗话说的“忠言逆耳”，那些提建议的话、有力度的话、真心话。一味说好话，会让人觉得你目的性太强，有种“无事献殷勤”的感觉。只说“坏话”又过于生硬，对方也不太容易接受。只有好话 4 分说，“坏话”1 分说，对方才会感觉你更真诚、真实、可靠，才愿意听你说话。

你在跟同事进行头脑风暴会议的时候，他的想法你不认可，你不要直接说他错了，可以先说 4 分好话，“我觉得你这个想法很新颖，也很有创意”；然后再表达自己的观点，也就是1分的“坏话”，“但是这个创意放在我们这个项目上，可能会引起一些问题，我们是不是需要先考虑好如何解决这些问题，或者想想其他办法”。

这样就比直接说“你错了”更能让对方接受，我相信你的同事也会慎重思考你给的建议，你们的头脑风暴会议也才能讨论出有价值的东西，而不仅仅是争论谁对谁错。

这就是我们说的，说话调配适当的“甜咸比”，你说的话才容易被人接受。但是这里有个前提条件，首先你要找对话题，什么意思呢？就是你要知道对方想聊什么。

假如你是一名汽车销售顾问，顾客想看越野车，然后你就一顿说，介绍产品优势，最后你的顾客微笑着点点头，走了，说再看看。过几天人家买了其他品牌的越野车，你可能还一头雾水，不知道自己到底哪里说错了。

其实在这种情况下，你可以直接问客户为什么要买越野车，他可能会说向往那种驰骋的感觉，他是个越野迷，都到过哪里哪里，也可能会说一些越野一族的生活方式。这个时候你可以直接带他开车体验，体验的时候告诉他，什么功能应对什么情况，怎么驾驶才能既安全又刺激，哪些功能是这款车能做到而其他品牌车望尘莫及的。这一波操作下来，客户就会感觉这就是他的车，这就是他想要的生活，自然就买了。

很多时候我们就是说得太多，急于让对方明白我们的意思，明白我们的产品有多好，但是我们并不知道对方的想法。有的时候，你应该先向对方提一些问题，问问对方想要什么，想聊什么，然后再对症下药，这样你们的交流才能更顺畅。

如何在对话中调配“甜咸比”

在沟通中，如何控制好“甜咸比”呢？有三个方法：有话不直说，怎么利他怎么说和“虽坏但好”地说。

什么是有话不直说？意思是，你不要只顾表达自己，你要时刻考虑对方的感受。

我之前做线上课程，和不少第三方平台有过合作。我在和其中一家平台合作的时候，对方打来电话，告诉我们他们的公司和讲师合作的时候，会对讲师一方有很多规定，合同上也会把这些规定明确写出来，所以请讲师一定要遵守平台的规定。比如，一定要按时上架课程，不然按照规定会有罚款。当时我听完之后的感受是，作为合作方我肯定会有契约精神，但是对方这样的说话方式让人难以接受。很多讲师其实是非常有个性和影响力的，他听到这样的话可能会想：为什么在你这里讲课要受这么多限制？我完全可以换一个平台。

这样“有话直说”的方式，没有让对方重视那些规定，反而有可能失去合作伙伴，起到相反的效果。换个方式，从目标出发来说话，平台的目标和讲师的目标都是服务好客户，目标是一致的，可以这样说：“我觉得老师您的课程非常好，而且我也相信学员会非常想听。之前有一些老师，因为没有及时上架课程，导致课程的口碑下降，但是老师您的影响力这么大，我相信您一定不会因延迟上架课程而导致口碑不好。咱们一起努力，把这个课程一起做好。”

你看，这样说的话，讲师就会觉得，平台是信任我而且是为我考虑的，就会欣然地接受合作并且给予积极的配合。

第二个方法：怎么利他怎么说。意思就是对方想要什么就说什么。利他的心理学现象，叫作互惠心理，也就是说，大部分人在心理上都有一种不愿意亏欠别人的想法，如果你给了别人 1 的价值，别人可能会回馈给你 10 的价值。也就是说，当我们想从别人那里得到什么，第一件事就是要想我能给别人提供什么。

前段时间，我的项目策划人想要跟一位家庭教育的老师合作出书，但是这位老师考虑到之前跟别的出版机构合作过图书出版，销量不太好，就有所犹豫，不想合作。这位项目策划人了解这一情况后，是这样跟老师沟通的，她说："老师，现在整个中国的家庭教育都反映出很大的问题。家长不懂得如何做家长，孩子在原生家庭里受到很大的影响，不仅仅是影响成绩，还会影响性格及以后的工作和生活。我觉得您应该在这个时候出一本书，因为您有多年的积累，平时总是出去讲课，分享经验，我们相信您一定也感受到了自己想要帮助更多人的责任。"从社会责任的角度出发，正好把话说到了对方的心里，对方这时候就有些动摇。她继续说："我看了您之前的书，卖不好的原因是书的名字没有切中大众的需求，而书上市的时机，正好是在疫情期间，宣传上没做到位。这本书您放心，我们会全力以赴帮您把内容打磨好，在宣传上也会加强力度，让每一个看到这本书的读者，都能在家庭关系中发生更多的变化。让我们一起来帮助更多的人。"每一句话都在消除这位老师的顾虑，并且把老师的社会责任做了更大的提升，所以这位策划人争取到了和这位老师的合作。

很多女性朋友在面对老公晚回家这件事上，经常这样对老公说："在哪儿呢？几点了，怎么还不回家？明天再这么晚你就别回来了。"其实内心的真实想法是：我想你早点回家，因为我想早点见到你。结果却用威胁的方式去表达自己对老公的爱。

用"怎么利他怎么说"这个方法该怎么说呢？你可以这样说："老公，你在哪里呢？哦，还在加班啊。亲爱的，你真的太辛苦了，为了这个家你每天都忙碌到深夜，你大概几点回家呢？孩子已经睡了，今天我给你做了你最爱吃的菜，可惜你没吃到，明天我重新做给你吃吧，前提是你能早点下班。好了，我会一直等你回来，安心工作吧。"你所有的角度都是从利他出发，关心他累不累，又给他做了爱吃的菜，还不睡觉等他回来，你这么温柔贤惠，他都不好意思晚回家，你利他之后，你的需求是不是也得到了满足？

再比如，女性朋友在教育孩子的时候常常会有无力感，有时候一怒之下就会采用威胁孩子的方式，会说"如果你再怎样怎样，妈妈就不爱你了"之类的话。总对孩子说这样的话，孩子会没有安全感，也会产生自卑心理。他会非常敏感，看到爸爸妈妈心情不好，都会感觉是因为自己哪里没有做好。

有智慧的妈妈会站在孩子的角度，用利他的方式去引导孩子。比如，孩子学习成绩不好，责备是没有用的。孩子成绩不好，他自己的心情已经很郁闷了，妈妈的责备会让孩子更受伤。妈妈可以这样和孩子说："妈妈相信你一定可以做得更好，只是你现在暂时没有那么好，妈妈可以帮助你变得更好。"之后认真帮助孩子分析成绩落后的原因，这样才能有效帮助孩子提高成绩。

用利他法来沟通，还可以很好地解决辞退员工这个问题。当员工违反了公司的规定，一定要被辞退的时候，如果人事部门的态度和语气很强硬，必定会引发强烈的不愉快，让员工带着愤恨离开公司。你不妨用这样的方式来说："非常遗憾，在最近的工作中你违反了公司的规定。这个规定公司制定很久了，是要求所有的员工必须遵守的。之前公司的老员工小张也是因为违反了这项规定离职的。你看你在公司也工作了很长时间，工作能力一直是有目共睹的，无意中犯了错也能理解，而且你和同事相处得又非常融洽，即便是离职之后，我们的关系还是要保持好。以后公司有周年庆活动，欢迎你经常回来看看。"

这样的说话方式，既肯定了他的工作能力和对公司的贡献，又能很好地维持以后的关系。每个职场圈子其实都不大，离职的员工有很大概率以后还有合作的机会。所以，永远记住不要让员工带着怨恨离开，而应让他带着开心离开，这样，你的公司运营得也会越来越健康。

人与人之间都是相互的，你要多站在对方的角度考虑问题，看待事情。这就是第二个方法——怎么利他怎么说。

再来看第三个方法：“虽坏但好”地说。意思是，虽然有点小问题，但还是非常好，说问题的话只占 1 分，说好的、鼓励的话占 4 分。

假设你是一个市场经理，你发现在你们投放的广告上有一张图片出了错，特别影响效果，你要开会说这个问题。如果你上来直接说：“××，你也是老员工了，上错图片这么低级的错误都能犯吗？你知道这给公司带来多大的损失吗？你这个月的绩效没了。”你这么说，不仅被你训的这位员工不会积极工作了，其他员工也会很消极，反正绩效没了，上错就上错吧，之后可能会恶性循环。

用“虽坏但好”地说这个方法，可以这样说：“咱们的 ×× 广告图片上错了，其实对公司影响挺大的，但是我也知道你们工作量比较大，出错也是难免，所以我想和大家探讨一下，怎么能避免这类问题发生。比如，可以互相检查一下再上线什么的，大家有什么好的建议都说说，分享一下经验。”

“出错”你只提了一句，但是后面的鼓励和如何解决问题才是关键，哪个下属也不想自己出错，多用鼓励的方式比一味地批评更能让对方接受。

这种表达方式也可以用在生活中。

当你找朋友帮忙的时候，朋友帮你做了，但是并没有达到你想要的效果。这时候低情商的人可能会和朋友抱怨几句，高情商的人却会用“虽坏但好”的方式来说：“非常感谢你的帮助！你这么认真地帮我对接这件事，可能过程中遇到了一些问题和挑战，但是我真的感受到了你的用心！”朋友听到你这样感谢他，会很开心，说不定会再想办法帮助你。

想要说话好听，就必须掌握好说话的“甜咸比”，一味说好话不等于好听，保持1分的“坏话”会让人觉得你更可靠。希望你可以在沟通中控制好说话的“甜咸比”，给自己的表达加分。

沟通小锦囊

- 我们说话跟做菜一样，你需要控制好说话的甜咸比例，也就是说好话和说“坏话”的比例。一般来说，好话 4 分说，“坏话”1 分说。

- 在沟通中，如何控制好“甜咸比”呢？有三个方法：有话不直说，怎么利他怎么说和“虽坏但好”地说。

08

双线卡位，对方能瞬间记住你

不管是找工作去面试，还是招商或参加行业的研讨会，或者是参加线下的培训课程，我们总有机会接触到很多陌生人。可不能小瞧了这些陌生人，他们之中可能有的人会成为你未来的老板，有的会成为你的潜在客户，有的会成为你的贵人，给你带来新的合作机会。所以，在面对这些人的时候，一个令人深刻的自我介绍尤为重要，因为它能让人更快地认识你，迅速帮你积累人脉。相反地，如果你只是平淡地说出你的个人信息，其他人可能会觉得你很无趣，你也平白错过了一个营销自己的好机会。

想要让人对你印象深刻，你可以借助内、外两种力。

借助外在道具

借助外力就是借助外在的道具来抢占对方的注意力。比如，蔡康永在主持《康熙来了》的时候，肩膀上总会放一只假鸟作为装饰；比尔·盖茨在做TED演讲[①]的时候，会先推个桶出来。

我有一个学员，从空姐转行做美容业之后特别成功。她就非常善于借助外在手法给人留下深刻印象。她永远涂着暗红色的口红，留着卷翘的黄色短发，妆容夸张到一般人都不敢这样尝试。但是，这样的妆容在她脸上显得非常高级，她搭配的是那种松松垮垮的欧美范西装，非常时髦。无论谁提到这个人，第一时间想起的都会是她的视觉形象。她通过这种方式，让人很容易对她产生浓厚的兴趣。

我的一个男学员的做法也很值得借鉴，这个学员长相很普通，是传统行业里一家工厂的老板，喜欢在抖音平台上分享日常工作和生活。我的课程中有一节是教大家在汇报事情的时候以“告诉你一个好消息”作为开场，他学会了这句简单的话。之后他拍的每条抖音短视频都是以“告诉你一个好消息”开头的，大家慢慢记住了这个在抖音上分享好消息的

① TED演讲：由美国一家机构组织的演讲大会，致力于传播技术、娱乐、设计等诸多领域的新思想。——编者注

老板，他的抖音粉丝也越来越多。

有些年轻人找工作，会准备好自己的作品集，用最好的纸张打印，并且会做很特别的装帧，里面包含自己从业以来的所有设计作品、工作履历等等。这样在面试的时候，可以一边做专业的自我介绍，一边把作品展示给面试官，会显得更加专业。语言加上视觉上的冲击，效果往往会加倍，当你用更多方式展示自己的时候，其实更容易打动面试官，获得心仪的工作。

用道具抢占注意力的方法比较简单。其实就是需要我们在话语之外，多花一些心思，对我们的话语进行一些有力的补充，但起主要作用的还是内力。

XY 双线卡位法

说到内力，我要介绍“XY 双线卡位法”给你。初中数学课上你肯定学过 XY 数轴，现在你可以在一张纸上画出一个这样的数轴，横轴是 X，纵轴是 Y，两条数轴代表两个方法。

X 轴也就是让人形成记忆点的自我介绍。我做演说影响力线下培训的时候，经常会让参与的同学们先做个自我介绍，结果发现，很多人都不知道怎么做一个优秀的自我介绍。有的人在向陌生人介绍自己时，恨不得把自己的全部信息都说一遍：

姓名、所在的行业、职务、来自哪里、从小到大的经历等等。他会觉得每一条信息都很重要，总想往里面拼命塞东西，但是对别人来说，很多信息都成了记忆负担。无效信息太多的时候，常常就覆盖掉了有效信息，到最后连你是谁，你是干什么的都没记住。因为这个自我介绍就没有任何记忆点。

使用三个简单的小方法，就可以制造出让人印象深刻的记忆点，这三个方法分别是：大数字法、强烈对比反差法、反向提问法。

大数字法，顾名思义，就是用数据把你的整个履历给串联起来，形成冲击力。当年我在互联网行业交流会上，就是用这个方法做了个简短的1分钟自我介绍，最后全场很多人都来主动认识我，要我的联系方式。

当时我是这么说的：

> 我是柳婉琴，从事女性教育行业。
>
> 我从7岁开始做销售员，大学二年级开始创业，曾经负债35万走出大学校门。
>
> 通过招商演说，让一个互联网服装品牌在不到半年的时间内覆盖60多个城市，拥有1万多家代理商。
>
> 曾经也因为投资失败负债300多万，但是用了1年时间

开创女性教育平台，全网拥有近400万粉丝，7亿播放量。

如果你想了解女性教育，需要更多女性资源，我们可以一起探讨交流，欢迎大家和我产生连接。

我当天做这个自我介绍的目的，就是希望全场的人都能认识我，并且主动来找我合作。这短短不到200字的自我介绍后，全场很多人都围上来要加我微信，整个场子一下子就爆了。

人对数字很敏感，量越大的数字越容易引起对方的关注，并且一般人听到数字的罗列会形成对方有逻辑的认知，因此大数字法尤其适合在招商、应聘的场合使用。你可以把自我介绍的内容拆成不同维度，比如，创造的业绩、从业年限、前公司的行业排名、管理团队的下属人数、营收数据等。用量化的数字来介绍，能给面试官留下更清晰直观的印象。

强烈对比反差法，是通过强烈的对比反差，给人带去巨大的心理冲击，形成独一无二的记忆点。举个例子，我曾经这样做过自我介绍：

我在高中时连续被学校开除过三次，我是父母眼中不听话的孩子，老师眼中最叛逆的学生，但是在高中三年级时通过自己的努力，用1年时间考上大学。

8年前我负债300多万倒下，一度迷失人生方向。调整心情后通过努力，用不到半年时间把我的服装品牌做到覆盖60多个城市，拥有1万多家代理商。

强烈的对比反差会让人感觉到，这个人身上一定发生过很多精彩的故事，这是一个很励志的人。

反向提问法，则是通过反向提问的方式，引人思考，强化记忆。

有一次我在演讲的时候，对观众讲了一个女孩的故事："我认识一个女孩，这个女孩负债累累，失去了人生的方向，找不到自信的她感到无所适从。甚至全家人都因为女孩的负债和迷茫压力重重。在座的朋友们，你们觉得这个女孩有未来吗？"

当我抛出这个问题的时候，全场鸦雀无声，举手的人寥寥无几，最后我说："这个女孩就是8年前的我！"这时全场发出惊呼声，我接着说："每个人都有无限的可能性和潜力，永远不要通过一个人的现状判断他的未来。”

通过反向提问的方式，在场的观众瞬间就被我的演讲吸引了。

这就是X轴，有记忆点的自我介绍，让人瞬间记住你。

所谓Y轴，就是进入对方的关系网，让对方觉得你是自己人。在中国式关系社会里，让对方觉得你是自己人，才有更强的亲近感，对方才会格外注意你。有意识地寻找自己和别人能够产生连接的点，可以成为社交中很好的助力。尤其是我们想主动和一些人达成连接的时候，可以在合理的范围内主动去了解他的相关信息。比如，籍贯，毕业学校，社交平台上经常和哪些人互动，分享过哪些电影、图书、音乐，等等，全面地挖掘这个人的信息。这样在和对方面对面沟通的时候，就能够通过这些信息破冰，让双方拥有共同的话题。

之前我被家乡邀请回去做演讲，我与在场的听众本来就是“同乡”，所以有一种天然的连接。我演讲的第一句话就说：“大家好，我跟大家一样，也是从屏南县走出去的。”我一说完感觉大家的眼神都不一样了，很有亲切感。之后我又说：“屏南县里所有的高中，我基本上都上过，还都被开除过，我经历过很多，才有了今天的蜕变，今天我就来和大家分享我的经历。”这样一说，气氛立刻被调动起来。

我去很多地方演讲的时候，都会找一找当地的特色，跟大家产生一些连接，还会模仿一些当地的方言，大家就会觉得很亲切。我记得我去杭州演讲时，是这样说的：“7 年前我第一次来杭州，飞机落地的那一刹那，我就闻到了一股花香，杭州在我心中是一个有花香的城市，所以今天希望能够在这座有花香的城市认识有花香的你们。”距离感就这样被拉近了。

所以，想让人快速记住你，能够与人有深度的连接，首先要给人留下一个记忆点十足的印象，让人愿意花时间去了解你，之后找到共同点，打入对方的关系网，实现 XY 双线卡位，这样才更有助于拓宽交际圈，吸引更多的朋友、伙伴和贵人。

沟通小锦囊

- 应用三个简单的小方法，就可以制造出让人印象深刻的记忆点，这三个方法分别是：大数字法、强烈对比反差法、反向提问法。

09

用“基础表达模型”，让对方秒懂你的意思

在我之前的线下表达训练营课程里，一个学员分享了他的一个问题——他说自己嘴很笨，明明脑子里想得很清楚，但就是说不明白，导致自己跟别人对接项目的时候，总能听到对方说：“所以呢？你的意思是……”对方的这种反应常常让他觉得恼火，一是觉得对方怎么听不明白，还这个态度；二是跟自己生闷气，觉得自己怎么会连很简单的问题都表达不清楚。

其实，不管是沟通、谈判还是说服，开口表达的目的都是把自己脑子里面的东西传达到别人的脑子里。很多时候我们都会碰到这种情况：你和对方聊了半天，对方就是没明白，也不

清楚是自己的表达能力有问题，还是对方的理解能力不在线。还有一种情况是，也许对方嘴上说懂了，执行后却完全不是你想要的结果。

怎么才能实现有效沟通，让别人秒懂你的意思呢？一个基础表达模型就可以帮你解决这个问题，这个模型就是：简单、清晰、具体。

基础表达模型之一：简单

首先是简单，就是说要在沟通中把信息做合理简化，减少别人的接收障碍。很多人对表达都有一个误解，认为会说等于能说，说得越多，表达能力越强。然而，好的表达和优秀的设计一样，都有着“Less is more”的原则，也就是越简单越好。有句俗话说得好，“多说多错”。很多时候，多说比少说更容易让人反感，尤其是在工作沟通中，如果你没完没了地唠叨，在你说到重点之前，就已经有一半的人不愿意听了。面对听众，只需要在尽可能不含糊的前提下，提供精简的信息和想法，这样你提供的信息才客观真实，人们才能抓住你的重点。

把一件事情简单表达，需要挑取重点，分结构说明后要有结论。

举个例子，我们公司的一位员工有一次汇报工作是这样说的：“老师，我要和你做一下工作汇报，我需要大概5分钟的时间，来讲一下接下来课程改革的问题。第一，在上个月，您获得了一个青年讲师的奖项，这个能够为我们平台背书。第二，我们发现目前很多和您学习演讲的同学对高情商是有需求的，所以本月我们想要开展专门的关于情商的课程。针对高情商这个主题，我已经研究过了，这里有一套课程方案，您之后可以看一下。”不到5分钟的时间，他就交代了接下来的工作重点，工作效率极其高。

再列举一种情况，在某些时候我们需要找人帮忙，对方也很想帮助你，也许会因为你表达不清而耽误事情，所以一定要让对方明白，你需要他做什么，你的需求具体有哪些。那么在具体事件中，要如何表达呢？

以我自己为例，有一次我通过猎头公司物色一个IT（信息技术）方面的人才，我是这样说的：“我们公司下半年需要把整个系统升级一下，所以公司急需一个IT人才。要求是这样的：第一，这个人需要在相关领域有5年以上的工作经验，做过首席技术官；第二，我们公司目前没有这个领域的相关人员，所以这个人要有自己组建团队的能力；第三，我们的待遇很优厚，他可以直接来和我谈，甚至可能会成为项目的合作伙伴；第四，我希望这个人在下月底之前能够入职。如果有符合条件的人才，请帮我留意。”

你看，通过这四点解构，我把自己的需求简洁明了地传达给了猎头公司，他就知道具体应该怎样做才能帮到我。

既然我们会找别人帮忙，我们必定要做适当的反馈。职场中及时恰当地给予反馈是一项很重要的能力。当我给员工布置工作之后，我会想要他适时地给我反馈。我自己想要和高端人脉产生连接的时候，我也会抓住机会及时反馈。

2017 年，我认识了投资界的一个老师，是他引领我走进了女性教育培训行业。我很感谢他给我提供的帮助，每年年底我都会以发微信的形式给这位老师反馈。我就会用到重点解构加结论的方式：“2017 年我在慈善晚会现场遇到您，您给了我非常好的建议，让我从事女性教育培训行业，我非常感谢您。我向您汇报一下这一年来的收获：第一，我研发的最新课程推向市场，现在已经有了几万名学员；第二，在女性教育培训的赛道上，我成为行业的头部；第三，我正在带领公司走向女性创业生态圈。”这样的反馈方式一目了然，重点清晰，是一个有效的反馈。

基础表达模型之二：清晰

基础表达模型的第二点是清晰。什么是清晰的表达？就是要让你表达的信息条理化。条理化意味着逻辑性，没有逻辑的表达会让听者痛苦，也给自己减分。

要想表达清晰，有两个方法可以遵循：第一，价值点表达。

所谓的价值点表达，就是要先把事情的价值说出来。有一次，一位员工和我说要做抖音号的事情，首先就抛出这件事的价值，他说："您有这么好的知识体系，应该让更多人知道，抖音是一个可以选择的非常好的平台。现在抖音上的流量非常好，很多老师都入驻了这个平台，咱们也可以考虑组建自己的抖音团队，把抖音号做起来。"当他这样说了之后，我会认为做抖音是一件有益的事情，我也会更有兴趣和耐心去听他讲之后的细节。

第二，同类项表达。同类重组梳理的方式，可以让我们的信息条理化，让表达逻辑化。

很多职场团队会议都会出现一个问题，就是跑题、偏题，明明要讨论下个月的业绩如何提升，说着说着就说到了其他方面，诸如某个客户脾气很怪，同行某个公司的小八卦，等等。大家越讨论越发散，根本就没有围绕着主轴来。这个时候就需要会议的组织者调整话题，需要用到的就是同类项表达。可以这样说："大家讨论得很好，现在我们收一下。业绩提升这个目标，可以分成几个问题来讨论：如何提升用户口碑，如何让市场营销效果更显著，员工的个人绩效怎样提升。我们之后的讨论就聚焦在这三点上，先从如何提升用户口碑开始。"这样就把杂乱无章的讨论归拢到三点上，明确给出了具体的讨论方向。

基础表达模型之三：具体

掌握了以上两个方法，我们就能把大部分事情说明白了，但也许你还会听到这样的话——"比如呢？"这说明咱们说的话不够具体。

所以，基础表达模型的第三个方法，就是具体。在沟通中，你必须将内心暗含的感受和想法具体表达出来，变成别人能理解的、知道怎么去执行的信息，这样对方才能真正懂你的意思。如果你表达的意思模糊含混，就很容易给对方带来更多猜想空间，增加对方理解的成本，最后反而会理解错误，做出错误的行动。

要想让信息具体化，可以借助两个窍门，第一是目标法，所有的细节都以目标为基础展开。之前我把一场演讲的大纲交给一位员工，让他来完成之后的PPT。他做完后，我告诉他字太多需要修改，可是改了两稿之后还是没有达到我要的效果。于是我问他："你发来的PPT我看了，我觉得还是不太行，你知道问题出在哪里吗？"他表情有点委屈地说："你说字太多了，我已经按照要求精简了，实在不知道还有哪里有问题。"到这里我突然意识到，其实是我没有把修改建议表达得足够具体，他才没有搞清楚修改方向。于是我告诉他，这个PPT会呈现在现场演讲会中，要达到的目标是持续地吸引听众的注意力，所以在PPT里放每个部分的标题就好。并且有一些数据内容用图表这样的形式表现会更直观。我这样利用目标法把信息具体化之后，他也恍然大悟，再去修改就有明确的思路了。

信息具体化的第二个窍门是具象法，也就是把你所期望的一切东西具体地表达出来。比如，我们做线上销售，会提到提升顾客的满意度，体现在这些具体的方面：第一，降低顾客的投诉率，第二，提升顾客的评价率，第三，降低退款率。这就是很具象的三个方面。

再比如女性朋友对待自己的爱人，不妨直接告诉他自己心目中优秀老公的标准："第一，每天下班后能够早一点回家；

第二，分担家务；第三，给孩子检查作业……”而不是用概念化的方式和他讲，那只会让他摸不清思路。你描绘得越具体，你的爱人就越容易朝着你想要的方向去做。

希望你能通过基础表达模型，掌握让别人秒懂你意思的表达技巧，在生活和职场中都能做到精准表达。

沟通小锦囊

- 怎么才能实现有效沟通，让别人秒懂你的意思呢？一个基础表达模型就可以帮你解决这个问题，这个模型就是：简单、清晰、具体。

- 要想表达清晰，有两个方法可以遵循：第一，价值点表达；第二，同类项表达。

- 要想让信息具体化，可以借助两个窍门，第一是目标法，所有的细节都以目标为基础展开；第二个窍门是具象法，也就是把你所期望的一切东西具体地表达出来。

10

权力关系对等，才能建立亲近感

有句话说，人缘好，好办事。也就是你与他人的关系越“热乎”，越亲近，你们之间的沟通就会越顺利；你与他人的关系越“冷”，越疏离，沟通就会越困难。

你有方案需要让同事协助你修改，他不帮你改，你也没办法，只能自己默默忍受。

你和甲方谈合作，甲方拒绝你的条件，你也只能被迫签“不平等协议”。

你去拜访客户，有人崇拜你对你献殷勤，而有人就对你冷冰冰的，视而不见。

为什么我们在与他人的沟通过程中，会有“熟”与“不熟”的差距？我们要如何与他人搞好关系，建立与对方的亲近感呢？

其实在人与人的沟通中，你与对方是否能建立亲近感，关键在于你们之间的权力关系是否对等。那什么是权力关系对等呢？我们可以把它理解为权利的等价交换。我们都知道，等价交换是商品交换的一般原则，比如，你想买一件商品，需要支付对方一定的费用，才能得到这件商品，这就符合等价交换的原则。如果你不付钱，就想得到这件商品，就会导致交易失败，因为0元与商品的价值不相等。

你与他人的关系也是这样的，你想与他人沟通一件事，这件事是否能顺利达成，就要看你与对方之间的权力关系是否对等。当你们的权力关系对等时，你与对方的沟通就会顺利很多，你的要求就能得到满足；如果你们之间的权力关系不对等，就会出现我刚才提到的场景：你想请你的同事协助修改方案，而你的同事就可以拒绝你，原因就是，你只对你的同事提出了要求，但是并没有给予相应的回报，所以“帮助你”就变成了义务的，这样就导致了不对等的出现。这就好比一个天平的两端，一边是你，一边是对方，当天平平衡时，你们的权力关系对等，就可以进行有效沟通。一旦天平失衡，你们之间的权力关系就不对等，沟通就会出现主控权的让位，对方很难去执行你的要求。

这里就涉及一个概念，你与对方关系好、亲密度高的衡量标准是什么？我们说亲密关系的界限在于“自由度”，当你和对方说话的时候，在不受其他因素影响的情况下，你可以自由决策说 yes 或 no 时，拥有这种亲密度，关系才更紧密。

比如你跟闺密之间就能无话不谈，你可以直接说：“老板今天又让我加班，真的好烦。”但同样的话，你就不能直接跟你的老板说，即使真的要说，你也需要整理措辞，找准时机婉转地表达，你与老板的关系就不如你与闺密的关系近。也就是说，你与对方的关系不同，亲密度也不同，所以想要提高亲密度，就需要在表达上赋能，去弥补这种关系上的天然缺陷。

要如何为表达赋能呢？需要利用权力关系的对等原则，而想要实现权力关系的对等，有三个方法可以灵活运用：话语权对等、决策权对等和职级对等。

话语权对等

什么叫话语权对等呢？就是你对他人的表达和交付，有一种承诺力和影响力。要想实现话语权对等，需要完成从私心到公心的转变。所谓的私心就是这件事对自己有益，所谓的公心就是这件事对大家有益。

比如，你要找老板谈薪水，如果单纯地说“老板，我想要加薪”，谈成功的概率是不大的，而且很容易就和老板形成对立。而换个方式，就可以把谈薪水这件事从私心上升到公心，还能够对老板形成反向激励。

你可以这样说：“王总，我来公司 2 年了，非常感谢公司一直以来的培养，我也感受到公司对我们员工的重视。最近我发现一件有意思的事情，我们公司所有员工的收入普遍都比同行业水平低那么一点点。而且我也了解到公司里有些很优秀的员工被猎头公司主动联系，虽然这不是个大事，但是如果总有员工收到猎头的邮件或是接到猎头的电话，也会影响大家上班的状态。我知道咱们公司有很明确的薪酬标准，但是为了更好地留住人才，是否需要再参考一下行业特性，重新拟定薪酬标准呢？所有员工其实都想为公司全力以赴，一起去完成公司的目标。”

说完这样一番话，格局一下子打开了，你不是一个普通员工的角色了，而是一个希望帮助老板实现公司长远发展的员工。从私心转变为公心，实现了话语权的对等。

决策权对等

决策权就是你能快速拍板的能力。快速拍板的能力，其实也是一个人处理问题、解决问题的能力，这种能力在我们与他人的沟通过程中非常重要。如果你的决策权低，你就会失去与对方沟通的通道，更别说建立亲密感了。

比如，甲方找你沟通，你甚至不是这个部门的领导，这时候你的谈判压力是非常大的，其实你不妨直接告诉对方，你上面还有领导，你需要去向领导汇报。这种情况下就是需要你真诚对待，越隐藏反而越显得没有能力，坦坦荡荡更会增加对方对你的好感，对方也会觉得你值得信任。

除了用真诚去博取信任，也可以用态度加码法。举个例子，如果你作为公司的高管去和对方公司谈合作，客户提出来的问题你在公司层面没办法解决，导致方案受阻。这时候你可以和对方表明态度："虽然在公司层面我没办法帮助您，但是我可以动用自己的资源尽力解决。"之后如果问题顺利解决，客户会更加信任你。你和客户的关系也会从生疏到亲密，从有隔阂到消除隔阂。

职级对等

职级对等比较好理解，在职场中，职位有高有低。有些时候，你可能需要与跟自己职级不对等的人沟通，由于职级不对等，你与对方的权力关系就不对等，你们也就很难建立亲密关系。所以想要达到职级对等，就需要协调多部门的协作能力，实现行动。

在职级无法对等的情况下，怎么能够说服比我们职级高的人呢?

第一个方法是因果法，把事情的因果讲清楚。我的助理在这一方面做得非常棒，我每天的工作安排得非常满，有时候晚上的应酬会不想参加，他会和我说："今天这个晚宴非常重要，如果不重要我就不会安排了，请您亲自对接一下，而且如果到时候您不在会上，其他伙伴会很伤心的。"我工作中也会见很多客户，每次见客户之前，他会这样告诉我："老师，我已经帮您筛选过了，这个客户是很重要的，前面我们已经帮您做过铺垫了，现在他的人生遇到低谷，非常需要您的点拨，也许您的几句话就能让他现在地狱般的人生有新的转机呢！我相信您一定愿意花 10 分钟帮助一个人点亮他的生命。"当他把因果关系和我说清楚后，就不存在任何职级关系了，当然可以完全说服我。

第二个方法是统一双方立场。你的领导发起了一个项目，这个项目需要你去协调其他部门的同事一起来完成，如果你直接找其他部门的领导沟通，结果就是对方虽然答应了你的要求，但是执行效率会很低或者根本就没有执行。这就是因为你的职级比其他部门领导低，你们的职级不对等，他们跟你“不熟”，所以你们无法达成有效的沟通。这个时候，你需要做的是统一双方的立场，你可以这样和合作部门的领导说："我知道您非常忙，但是这件事完成以后，咱们两个部门都能非常顺利地完成这个月的 KPI（关键绩效指标），也会得到老板的赏识，到时候我也会更多地强调你们部门在这个项目中的贡献。”这样两个部门的利益就被绑定在一起，双方从互不相干到统一立场，沟通和项目的推进就会顺利很多。

越亲近的人沟通越顺畅，你想与他人建立亲近感，首先要保证权力关系的对等，如果权力关系不对等，关系就会相对疏远，就会出现沟通障碍，影响事情的顺利进行。学会这些沟通技巧，就能建立对等的权力关系，打造亲近感。

沟通小锦囊

- 要如何为表达赋能呢？需要利用权力关系的对等原则，而想要实现权力关系的对等，有三个方法可以灵活运用：话语权对等、决策权对等和职级对等。

- 在职级无法对等的情况下，怎么能够说服比我们职级高的人呢？第一个方法是因果法，把事情的因果讲清楚；第二个方法是统一双方立场。

11

以“情绪碰情绪”，轻易走进对方的心

曾有一个学员给我留言说：婉琴老师，为什么学表达这么难？很多技巧和招数看似都掌握了，但是到了实际场景中换到自己身上，还是不知道应该怎么用。相信很多朋友和这个学员一样，都遇到过这样的情况。

比如，经常和你抱怨工作很不顺利的朋友，总是和你说老板有多蠢，多难沟通，很多决策做得都有问题。听他抱怨得多了，你劝他要不换一个工作吧，没想到朋友听了你的建议后，反而更不高兴了。

比如，女朋友回家后就跟你说自己的上司多差劲，明明

是上司的决定导致工作结果出问题，自己和其他人却背了锅。你跟女朋友说："那你们也有问题，你们应该在工作的每一个阶段都及时跟上司反馈并且指出问题啊！"女朋友听后更生气了，你们两个人甚至为此大吵了一架。

为什么会出现这样实操困难的问题呢？因为我们沟通的对象是活生生的人，人是最善变的，而且都是带着情绪的。不管是在工作中，还是在生活里，我们所说的沟通，都涉及两个方面，一方面是事，另一方面是情绪。很多时候我们会发现，你以为你们在好好说"事"，但最后变成了对方在跟你发泄情绪。

面对沟通对象突如其来的情绪问题，我们要怎么解决，从而走进对方的内心呢？我的建议是马上开启你的雷达，响应对方的情绪，和对方保持情绪同频。

这里我给你提供三个方法：一是情绪判断，二是学会说"我懂你"，三是学会重塑情绪。

情绪判断

情绪判断，也就是通过判断对方的情绪，来斟酌自己沟通时候的语气。人的情绪状态一般有三种：积极的情绪、正常平稳的情绪和消极的情绪。在这三种情绪的主导下，人也会呈现出不同的表达状态，我们要根据人的不同表达状态，学会判断对方处于什么样的情绪中。

一个人在积极正向的情绪下，说话会不自觉提高表达的频次，并且露出愉悦的表情。这个时候的沟通对象是最容易攻克的，你只需要借着对方的愉悦情绪去多赞美他，表达出对他的热切期望。在这样的情绪引导下，对方很容易产生一个强烈的心理暗示，从而满足你的需求。这在心理学上叫作皮格马利翁效应。在平稳的情绪状态下，一个人没有情绪波动，这是一个较为理想的沟通氛围，你只需要和对方正常去聊事情就好。当对方处于消极或负面的情绪时，这样的情绪会严重影响沟通方向及效率，这时候你需要先用安慰性的表达，帮助对方回到稳定的情绪状态。

判断对方情绪的另一个小技巧，就是找到情绪的路标词语。在沟通中，当对方说出下面这些词的时候，通常都暗示对方即将进入负面的情绪中，比如，“每次都”“总是”“永远”“老是”等等。

学会说“我懂你”

面对情绪沟通的第二个方法，是学会说“我懂你”，用

“我懂你”代替建议或反驳。当沟通中对方出现负面情绪的时候，不要着急给对方你的人生经验或者建议，而是给他一个拥抱，让对方知道你真的理解他的感受。

取消说教，用“我懂你”代替建议或者反驳，在一般的沟通中其实并不容易。为什么？因为在沟通的过程中，每个人本能的关注点都是自己。我们总觉得，在沟通的时候，对方出现问题或者开始抱怨，代表着对方需要我们给出一些有意义的回应或者针对当下问题的解决办法。但事实上对方真正需要的，只是让自己被看见，知道有人理解自己。可是绝大多数时候，我们表面上在听对方说话，实际上会急着把自己的观点、方法、建议强塞给对方，一味强调自己的观点和想法，而没有去提供对方真正想要的东西。结果我们提供了一大堆自己觉得有用的“帮助”，却不是对方想要的，最后造成了典型的失败沟通。

“我懂你”分为两种方式，一种叫语言模式，一种叫行动模式。这两种方式都需要你忘记“我觉得”。

如何用语言模式表示“我懂你”，我来举个例子。

有一次，我的学员给我打电话，说发生了一件很严重的事情，问我怎么处理。我并没有以自我为中心，给出建议，而是这样和他说："亲爱的，我知道你心中已经有了答案，其实你早就已经做好了决定，虽然有点难，你一定有勇气去完成。在我心中你本来就是很优秀的人，偶尔迷茫一下是正常的，我相信你是可以做到的。"

他听完以后很惊喜，之后也顺利地把难题解决了。

你说出的话能让对方觉得被看到，被读懂，被很舒服地接受，就是"我懂你"的语言模式。

"我懂你"的第二种方式是行动模式。

我 2017 年在深圳创业，那年的 7 月 29 日我要办 29 周岁的生日会，当时我承诺大家要在广州办一场千人生日宴，结果距离生日只有 19 天的时候，我发现才邀约了 50 个人，我的压力可想而知。当时和我一起来深圳的是我最好的朋友，那段时间她用行动模式默默陪伴在我身边。有几天的时间我们住在酒店，我通过躺在床上听音乐的方式自我调整，只要我不说话，她也不会说什么。后来我想要去逛街，她也无条件地陪伴我，帮我拎东西，陪我默默地走过整条街道。几天之后我想到办法，很兴奋地告诉她，她也非常兴奋地鼓掌，告诉我"我就知道你会有办法"。

我的好朋友默默地用“我懂你”的行动模式支持着我，我不说话她就不说话，我说话她就陪我一起开心，用行动表现着她对我的理解和支持。

所以，下次再有人向你抱怨的时候，你要学会忘记“我觉得”，开启“我懂你”的语言模式和行动模式，给对方带去温暖和支持。

重塑情绪

面对情绪沟通的第三个方法，是重塑情绪。如果一个人长期处在负面情绪中，我们要及时帮助他从这种情绪中走出来，给对方重塑情绪。人们身上会有一种受害者模式，当一个人开始讲伤心的事情时，他会停不下来，感觉自己就是全世界最不幸的那个人，这时候恰当地阻断他，让他跳出受害者模式，他才能走向面对阳光的新赛道。

我在现场开课的时候，很多同学会提问和发言。我印象很深的一次，是有一个非常漂亮的女孩子，说自己和妈妈的关系一直不好，自己曾经生病住院，妈妈也没有来看望她，她一直因为这样的亲子关系感到痛苦，说到最后，她已经处在巨大的痛苦中。我知道如果我再去顺着她的话安慰她，是起不到任何作用的，于是我说：“太棒了！”我一说完她就惊呆了，之后我是这样说的：“每一个来到世间有使命的孩子，都会经历非常大的痛苦，我们真正的智慧是在痛苦中被唤醒的。你有机会到我的课程现场，就是想通过我来告诉你，你是被老天选中的，所以你绝对有能力和勇气改变自己的命运。现在你可以做一件事情，就是回去告诉你妈妈，不管她怎么伤害你，你都是爱她的，试试看！”我说完后，她一下子从悲伤的情绪中挣脱出来，进入平静坚定的情绪中。

再举个例子，有一次我儿子哭得很伤心，怎么安慰都没有用，我就换了一种思路，对他说：“宝贝，妈妈刚到了一个快递还没拆开，你帮我拆开看看是什么东西。”我刚说完的时候他可能因为哭得太伤心，没有反应过来，我又说：“快递就在鞋柜上，帮妈妈拿来吧！”之后他就忘记自己在哭，开心地帮我拿快递了。这就是把悲伤的情绪阻断，进行情绪重塑。

因此，在沟通中，一旦对方长时间沉浸在负面情绪中，你要学会点破不说破，巧妙地将对方从负面情绪中带离。

FBI（美国联邦调查局）特邀顾问马克·郭士顿认为，绝大多数人在和别人沟通的时候，总会使用极力说服、鼓励、争论、敦促的字眼。这个过程中会让对方产生抗拒心理。然而，当你倾听、提问、体察时，往往会出现不一样的效果。

当你通过我告诉你的技巧判断出对方是在带着情绪和你沟通的时候，试着放下你的说服，带着倾听、提问和体察，和对方保持情绪同频，看到他真正的内心需求，也许你会惊喜地发现，你的幸福感也提升了。

沟通小锦囊

- 面对沟通对象突如其来的情绪问题，我们要怎么解决，从而走进对方的内心呢？我的建议是马上开启你的雷达，响应对方的情绪，和对方保持情绪同频。这里我给你提供三个方法：一是情绪判断，二是学会说“我懂你”，三是学会重塑情绪。

- “我懂你”分为两种方式，一种叫语言模式，一种叫行动模式。这两种方式都需要你忘记“我觉得”。

- 在沟通中，一旦对方长时间沉浸在负面情绪中，你要学会点破不说破，巧妙地将对方从负面情绪中带离。

PART 3

把握关键对话，收获完美人际关系

12

巧用心理投射，看穿人心

有句话说："说者无心，听者有意。"有的时候，你的一句"玩笑话"，就可能触碰到对方某根敏感的神经。比如你本来跟客户聊得很愉快，到了中午出于礼貌，你提议请他吃顿饭，但是你一提到请吃饭的问题，他的态度马上就转变了，对你很戒备甚至直接拒绝你。之后你了解到，你的客户之前遇到过一些合作者，借吃饭的名义达到其他目的，使吃饭变得很不愉快，所以吃饭的话题对他来说就与"目的不纯"画等号了，而你也就不幸躺枪。

这种现象可能会让你感到很困惑，你不知道与对方沟通的时候，哪些话题该说，哪些话题不该说，甚至在与他人说话的时候，总是小心翼翼的，生怕一不小心就“踩雷”，使双方都不愉快。这样的沟通方式，常常使你在沟通过程中显得很被动，成为你与他人沟通的阻碍。为什么会出现这样的现象？你怎样才能了解对方的想法，从而与对方顺畅地沟通呢？

这里就需要用到“心理投射”，去“看穿人心”。

什么是心理投射？就是把自己的个性、好恶、欲望、观点、情绪等心理特点，像投影仪一样，不自觉地投射在别人身上，并自然而然地认为别人也有同样的感受和认知。

就像刚才我提到的场景中，你提议请客户吃饭的“无心”之语，一旦投射到对方的某个“心理投射”点上，就会引起对方的反应。如果这个投射点是良性的，就会起好的影响，客户会认为你这个人不错，你们的关系可能更近一步。而一旦这个投射点是消极、负面的，就会导致“对方不理解你”这种很糟糕的沟通结果。

心理学家曾经做过这样的实验：分别在两只小猫面前做“抬手”的动作，第一只小猫看到这个动作后，马上躲闪，并对你充满敌意，而第二只小猫看到这个动作后，没有任何反应。实验证明，看到“抬手”就躲的小猫，曾经有被打的经历，而看到“抬手”没有反应的小猫，没有被打的经历。也就是说，“抬手”这个动作可以反映出两只小猫的“心理投射”点。当我们发现这样的“心理投射”点时，就可以根据小猫的不同心理状态与它“沟通”了。比如，你不要经常对第一只小猫做“抬手”的动作，从而刺激它对你产生敌意。

同样的道理，我们每个人的成长环境、经历，都会在我们的潜意识里形成各种不同的心理投射点，一旦受到外界的刺激，某个心理投射点被激发，就会产生或好或坏的结果，你会发现，身边有这样的现象：

> 一个斤斤计较的人，觉得全世界的人都小气。
>
> 一个急脾气的人，觉得人人都是火药桶。
>
> 一个经常算计别人的人，觉得每个人都藏着无数暗箭。
>
> 而一个心中充满爱的人，觉得所有人对他都是温柔的。

这些都是常见的心理投射现象，了解了这些，问题就简单了。你想看穿人心，是不是就要发现对方的心理投射点，然后对症下药？比如，遇到斤斤计较的人，你可以多给他让点利益，满足他的心理需求；遇到急脾气的人，你应该更加和颜悦色，有耐心，不然他急你也急，很容易不欢而散。发现对方的心理投射点，才是你制胜的关键。

那么，有什么方法可以快速找到对方的心理投射点，与他人更好地沟通呢？下面我教你两个方法，分别是角色心理投射和需求心理投射。

角色心理投射

角色心理投射的意思是，我们每个人都有自己的社会角色，比如下属、合作者、销售员、妻子、子女、学生等。每个身份所投射的心理也是不同的。这就像“角色扮演”一样，你要把自己设身处地地想象成你对话人的角色，从他的角色出发，去寻找这个角色的心理投射点。

具体要怎么做呢？我的方法是角色定性 + 痛点锚定。

怎么理解呢？先说角色定性，也就是你先要锁定他到底是什么身份，就比如你与下属沟通和你与学生沟通的方式是不同的。原因就是，与下属沟通，你可以用职业标准、工作目标来沟通问题，而学生就不一样，他还没有职场经历，你只能从他的学习、兴趣爱好等方面去沟通交流。这就是角色定性。

定位好了角色，还需要找到这个角色对应的痛点，也就是痛点锚定，在之前的分享中，我曾经跟你聊过“锚定效应”，人们的思维总是会被收到的第一信息左右，也就是我们的大脑总是不自觉地启动“先入为主”的思考方式。痛点锚定也是一样，就像你期盼老板给你涨工资，“涨工资”就是你的痛点，有一天老板满足你了，给你和同事都涨了工资，如果你不知道别人涨多少，那么你涨了多少都会很开心。但是你一旦知道别人涨得比你多，你心里马上就会产生落差感。而你涨得比别人多时你就会很开心，这就是痛点锚定的重要性。

举个例子，假设你卖手机，同一个人买手机，你要想他对自己、对孩子的投射心理都是什么样的。先回忆一下我们的方法，角色定性 + 痛点锚定。

看到顾客在看手机，你肯定先问他：“先生，您给谁买手机？”他如果说：“买给自己的。”你先给他做角色定性，可以再跟他聊聊他的职业等信息，比如，他是一名企业的高管，那么他的角色定性就是企业高管，他的心理投射应该是什么样的呢？职业性、身份地位、商务、手机与车辆适配性等，这些都是他心理投射的范围，你通过这些就有了推荐的范围，可能是几款高配的商务智能手机，究竟给他推荐哪款，他的购买欲望会更大呢？

接下来你要给出痛点锚定，你可以问他为什么要换手机，假设他说，现在的手机接电话总是断线，那么他的痛点可能就更多地偏向商务沟通、接听电话的需求。你就可以说："先生，这款商务手机非常适合您，首先它信号非常稳定，不管你在什么情况下接电话，都能保证通话质量。并且有人脸识别、车载蓝牙、智能语音系统等，开车的时候看手机方便解锁，连接车辆后，语音操作更安全。外表采用 ×× 材质，高端大气上档次，售价 12 000 元。"这时候他肯定在犹豫，你可以再推荐一款，说："先生，还有这款，售价 9000 元，功能和这款 12 000 元的一样，唯一的差别就在于手机外表的材质，它的材质略微低配一些，价格也低一些。"

有了前面 12 000 元的铺垫，如果手机的配置符合他的预期，他购买 9000 元的手机的概率就非常大。

这是顾客自己买手机的角色心理投射。

如果是给孩子买呢？他的角色定性变成了父亲，父亲给孩子买手机的心理投射应该是会注重这几个方面：手机的安全性、耐用性、定位、通话、一键拨号、最好不要有游戏功能等等。

痛点锚定是什么呢？假设对方的孩子是个男孩，又比较好动，你就可以这样推荐："先生，这款小汽车样式的电话手表特别适合您儿子，直接佩戴在手腕上，不影响孩子运动，而且耐磨，定位功能也非常好，还可以跟您的手机关联，有一键拨号的功能，孩子可以第一时间给您打电话，这款是我们与某品牌的合作款，限量销售，原价1300元，现价为788元。目前仅剩3台，价格还优惠，您考虑看看。”你通过角色定性+痛点锚定这样的沟通方式说话就很容易说到对方的心坎里去，他很容易听从你给出的建议。

这就是我教你的第一个方法——角色心理投射，利用角色定性+痛点锚定的方法。

需求心理投射

需求心理投射就是做一件事需要达到的目的或者需求是什么。比如你是做服装行业的，每天的工作就是给顾客介绍服装，给他们提供搭配意见，你的需求心理投射就可能是，每天不管走路、坐车、看电视都会特别关注服饰搭配、服装颜色、款式等方面的内容，因为你有这个工作需求，需要更多地了解这些方面的信息。

所以，你如果想与你的沟通对象、合作方更顺利地合作项目并达成一致，就要找到对方的需求心理投射点，发掘他真正的需求。我给你的方法是深度访谈，深度访谈包括标准合作框架和发散问题。

举个例子，比如，你想跟你的合作方谈一个品牌合作，你可以利用“标准合作框架+发散问题”这个模式，去挖掘对方的需求点，看看双方的需求点是否真的匹配，如果需求点发生错位，这个合作很可能进行不下去。

先利用标准合作框架，一般包括双方的共同目的、我方的资源和需求、对方的资源和需求、双方的结合点或者合作方式。简单来说就是，我有什么资源，你跟我合作能得到什么；你有什么资源，我跟你合作能得到什么；我们合作后，双方付出什么，得到什么。这是标准合作框架。

那么发散问题呢，就是要深挖合作细节。比如，双方都需要邀请一些客户来共同举办某个活动，通过活动扩大彼此的影响力，但是如果对方想以销售额为衡量标准，那么他们的需求实际上更多地偏向销售合作，而不仅仅是品牌合作了。因为他们真正需要的是销售额，即使在品牌合作中也时刻不忘销售业绩这件事，这就偏离了合作的初衷。

所以，通过发散问题，你要深挖沟通细节，发掘对方真正的需求，对方是不是还想通过某项合作满足其他需求。如果这个需求不能被满足，这次合作后续也会出现问题，你需要及早发现和规避。

综上，每个人的成长环境和经历不同，会形成不同的心理投射点，要想看穿人心，与他人沟通顺畅，就必须学会找到对方的心理投射点，根据不同的心理投射点采取不同的沟通策略，你学会了吗?

沟通小锦囊

- 什么是心理投射？就是把自己的个性、好恶、欲望、观点、情绪等心理特点，像投影仪一样，不自觉地投射在别人身上，并自然而然地认为别人也有同样的感受和认知。

- 有什么方法可以快速找到对方的心理投射点，与他人更好地沟通呢？有两个方法，分别是角色心理投射和需求心理投射。

13

对谈而不对战，收获完美关系

在我们的日常生活和工作沟通中，经常有人会管不住自己的脾气，导致对话双方产生冲突。在沟通中，常见的对话冲突主要有下面三种：

第一种是意见不统一，造成针锋相对。比如，公司最近要发起一个新的市场项目，需要你和其他同事一起参与，在商定合作的供应商时，你建议找公司惯用的乙方，同事提出之前的乙方不合适，要换一家。你们俩在各自说完理由后，还是无法统一意见，因为各持己见而开始针锋相对。

第二种是谈话造成的气氛紧张，通常在商务谈判或者上下级沟通之中产生。比如，我们在公司经常碰到的，每年年末或者年初开的有关未来计划的会议，老板对于公司收益提出了一个很高的数字，问你和你的团队有没有信心完成。你觉得这个目标太激进了，但又不好直接反驳老板，因此闭口不言，整个沟通进入了一个紧张的氛围。

第三种对话冲突是因为结果风险大，会给对方造成损失或者让对方承担责任，因此双方进入沟通拉锯战。比如，你和客户进行业务谈判，为了公司的盈利目标，你只能极力地提高你的报价，让对方增加成本。客户却因为增加预算会降低他们的利润，甚至有亏本的风险，而不肯同意。因此谈判进入僵持阶段，合作拿不下来。

以上每一种对话都会引起“对战”关系，也就是对立面冲突。

什么样的沟通技巧可以帮我们化解“对战”，收获一段完美关系呢？这要求我们要善于在沟通中发现问题，避免引发冲突。其中有三点可以让我们参考：

一是不要盲目坚持己见；二是要紧扣核心，紧紧围绕共同话题或者核心话题展开沟通；三是透过表象看本质。

不盲目坚持己见

在沟通中，一般人经常会进入一种“心理预设”的状态，就是当觉得自己是正确的一方的时候，会在潜意识里认为对方是错误的，让沟通双方进入一种对战的状态。这时，你会想去说服对方，想方设法地让对方认识到自己的问题，承认自己的错误。事实上，进入这样的误区之后，反而说得越多，分歧越大。当我们和别人沟通，双方出现分歧的时候，要学会去听对方的观点，分析对方的动机。

比如，做产品的和做销售的是最容易起冲突的。做产品的希望自己有充足的时间，把产品做到极致，而销售员考虑的是如果不赶快把产品做出来，我们拿什么去卖。每个人都从自己的立场出发维护各自的利益，一开始就会形成强烈的对立，沟通起来也不会有任何结果。

其实，换一个角度来想，做产品的同学也应该非常了解，销售员是非常着急的，他们很希望有产品卖，快速获得结果；做销售的同学也知道产品部门的同学压力非常大，也很辛苦，加班是常事。产品部门和销售部门其实并不是对立关系，而是一个团队，他们的目标是一样的，都希望有销路好的产品。

多一点相互理解，清楚双方的共同目标，才能避免陷入“你对我错”的封闭沟通。

很多时候，我们不是在一开始就有一个明确的目标的，而是在沟通的过程中，去不断让目标更清晰，在沟通中双方要不断磨合妥协，找到双赢的办法，而不是一味坚持自我，最终两败俱伤。

紧扣核心

收获完美关系的第二个方法，是紧扣核心，紧紧围绕共同话题或者核心话题展开沟通。我们在和客户或者同事沟通的时候，有些对象会表现得很烦躁，而且语气不太好。当我们稍微表现出一点反对或者提出其他的要求时，对方就会突然打断，表现出很不耐烦的样子。这时候你如果心理承受能力差，可能就会被他们影响，要么为了压制对方表现得更加强硬，要么不知所措，最后被对方牵着鼻子走。不管是哪种结果，都容易使整个沟通氛围变得更加紧张，最后沟通进入死胡同。这时候我们应该怎么做呢？当出现矛盾的时候，要迅速找到冲突中的关键点，顺着这个关键点找到解决问题的思路。

我曾经遇到过一个非常苛刻的合作者，在一次谈判的过程中，他提出非常苛刻的合作条件，一切细节都是在为自己一方的利益考虑。我听过之后，并没有就他所说的这些去争论，而是和合作方说："王总，当初咱们之所以选择彼此合作，看中的都是对方的优势，如果像您刚才说的，把风险全部转嫁到我们身上，是不是也失去了合作的初心？"这就是在冲突中把双方拉到同一战线的过程。

透过表象看本质

收获完美关系的第三个方法，是透过表象看本质，也就是通过对方所说的话深挖背后的本质，最典型的例子就是客户投诉的问题。

做客户服务的小伙伴面对客户投诉的时候，第一反应是为什么这人这么难缠，这么点问题都来投诉。但是如果你思考一下，为什么一个人愿意花费自己的时间打一通电话专门投诉一件事情呢？这样的客户正是帮助我们优化流程的人，他愿意花费时间去告诉你你的不足之处，哪怕他的方式是劈头盖脸一顿责骂。

举一个负面案例，当时我们一个做课程服务的小伙伴没有把一位客户的投诉当回事，自认为客户在刻意刁难，导致后面很多客户也因为同样的问题退费了。后来我们认真听取了客户投诉，优化了整体流程。当时我亲自给了这位客户反馈，客户也因为我的反馈对我们更加信任。

所以，任何事情都有正反两面，能够透过表象去发现其中蕴藏的正能量，才是沟通中最大的价值。

沟通小锦囊

- 在沟通中，常见的对话冲突主要有三种：第一种是意见不统一，造成针锋相对；第二种是谈话造成的气氛紧张，通常在商务谈判或者上下级沟通之中产生；第三种对话冲突是因为结果风险大，会给对方造成损失或者让对方承担责任，双方进入沟通拉锯战。

- 什么样的沟通技巧可以帮我们化解“对战”，收获一段完美关系呢？其中有三点可以让我们参考：一是不要盲目坚持己见；二是要紧扣核心，紧紧围绕共同话题或者核心话题展开沟通；三是透过表象看本质。

14

焦点赞美，让人对你印象深刻

赞美是维系社会关系的有效纽带，在交流中经常用赞美的语言，能给别人留下一个好印象。没有人不喜欢被人赞美，如果你面对的是一个严肃的上司、交情不深的同事、只见过几次面的客户，要怎么去夸对方，才能既显得真诚，又能迅速拉近和对方的距离呢？

你可以做一个小测验，找到身边最亲近的三个人，分别用这三句话来赞美他：

“你今天真好看！”

“今天状态不错啊！”

“你今天特别不一样，口红衬得整个人的状态和气场都变了，什么色号啊？”

认真观察对方听到你的赞美后的反应，是不是用第三种方法去赞美对方，她的开心程度更高呢？

赞美他人也是有技巧可循的，可以用FFC原则来和其他人开启良好的对话关系。所谓FFC原则，也就是Focus（聚焦）、Feeling（感受）、Compare（对比）这三个原则。

第一个原则：Focus（聚焦）

很多人对赞美的误解是把赞美等同于“说好听的话”。这其实是不对的，因为“好听的话”也可以是虚伪的奉承或敷衍。“赞美的语言”应该是一种聚焦的语言，一种认真判断后的表达。这种聚焦让赞美产生了一个支撑点，就是所谓赞美的焦点，像是光线经过凸透镜后凝聚成点产生的强烈力量。当你把注意力认真地投放到另一个人身上时，应该也能迅速找到这样一个焦点，你的赞美也要围绕这个焦点自然地表达。

怎么才算是聚焦的赞美呢？

举个例子，我们公司社群组的小伙伴有一次工作完成得非常不错，我是这样夸赞他们的："这个月我们社群组的小伙伴做得非常好，重点提出表扬。尤其是客户服务这一块，做得非常到位，从开课到现在，我们收到的大部分客户反馈，都肯定了你们的细节服务。而且我知道，所有的负面评价你们都会第一时间跟顾客沟通解释，让他能够顺利听课。正是因为你们的努力，我们课程的口碑才能保持得非常棒。大家辛苦了！"

这样的赞美，就是典型的聚焦的赞美。我不仅仅赞美员工的工作能力，而且点明了具体的细节，让人有真实感和成就感。

我们在赞美别人的时候，怎么去找到赞美的焦点呢？这里和你分享一个小技巧，就是当你想夸赞别人的某一个地方时，不妨再往前进一步，把夸赞聚焦到某一个具体的细节上。比如，想夸同事不一样了，可以夸同事的新发型、新妆容；想夸别人工作能力优秀，可以具体到他在哪些方面给你提供了帮助。这样更聚焦、更进一步的赞美，不仅让人更舒服，还会让人产生"下次继续加油"的冲劲。

第二个原则：Feeling（感受）

感受是从我们的感知出发，对对方做出正向及客观事实的评价。听起来好像是比较抽象的概念，我举两个例子你就能领会。

有一次我们公司开高管会议的时候，我布置了一项有挑战性的工作后，全场鸦雀无声，没有人愿意领任务。之后有位同事自告奋勇，领取了任务。我当时在全体高管面前说出我的感受："我今天真的很感动，你可以主动请缨。我创业这么多年，你一直在支持我，给我一种很踏实、很心安的感觉。非常感谢你在第一时间给我回馈，让我感到我们这个团队是非常向上的。"

还有一次，我用讲述自己感受的赞美方式夸赞了我们公司的抖音团队。当时我们的抖音播放量达到了 7 亿多，我说："我之前没有什么概念，7 亿多的播放量是个怎么样的数据。但是前几天我去西双版纳旅游，被好几个人认出来，他们问我是不是在抖音上讲课的老师，还有人想要和我合影。我也感受了一把被粉丝追捧的感觉，这归功于你们的付出。非常感谢你们在背后所有的付出，让我们有这么大的播放量，你们真的是最棒的！"

这就是通过讲述感受进行赞美。人的感受是非常丰富且流动的，因此在描述它的时候，我们就需要用更丰富并且正面的表达，戳中对方，让对方产生由衷的喜悦。尤其是在职场上，这样的赞美方式会让同事的关系变得更加融洽。

第三个原则：Compare（对比）

老话说得好："人比人得死，货比货得扔。"任何人都禁不住对比的赞美，为什么？因为这无形中把对方放在了一个更高的位置上。

怎么去实现对比的赞美呢？比如，当我想夸赞我的课程研发团队工作能力强的时候，我没有直接说："你们的工作能力真是太强了！"而是这样告诉他们："虽然我自己有很多内容和观点，但如果没有你们帮助我梳理内容，进行调整和细化，还贴心地根据市场需求给我相应的反馈，我是不可能这么快速地把课程做出来的。做这些细节工作的如果是我，我会没有足够的耐心去完成。所以特别感谢你们！过去我接触过很多课程研发团队，你们是最负责的！"这一段话中，我将他们和自己做了对比，也和他人做了对比，用对比的方式让对方感受到了真诚和强烈的赞美。

不过，我们在使用对比这个方法的时候，也要注意一点，就是千万不要在一群熟人中采用对比策略夸人，也就是夸一个贬一个。这样不仅达不到赞美的效果，还会让被夸和被贬的人都感到尴尬，最后伤害到别人。

赞美三原则的实际运用

关于赞美三原则的实际运用，我也有一些小方法分享给你，让你在生活中提升自己的赞美技术。

首先是三原则的综合运用。我们在实际赞美别人的时候，可以先用聚焦的方式来说明细节，再用细腻的语言来表达自己实际的感受，最后通过对比的方法来获得对方的深度认同。

在一次公司内部会议中，我把三原则综合起来，让我们公司的服装设计师唐老师当场就感动到流泪。我是这样表达我的赞美的："从你入职到现在两年的时间，你每一次设计出来的服装都会让我觉得非常惊喜。比如，最近新设计的中西合璧风格的系列服装，非常时尚，每一个细节都很到位。来我们展厅参观的人，都问我是不是公司有一个非常厉害的设计团队，我都会骄傲地告诉他们所有设计都出自一人之手。那个时候我真的非常自豪，唐老师一个人就可以设计出那么多有价值的衣服。我也很爱美，但是我永远不可能像你一样那么专注于设计衣服，把每件衣服都注入灵魂。我在服装行业见到过很多设计师，他们的压力都是非常大的，但我从未听你在我面前抱怨过一句。所以，亲爱的，你真的是太优秀了，我因为拥有你感觉到非常骄傲！”唐老师感动的同时，身上的热血也被激活，对我说一定会不辱使命，做好工作。

第二个小方法，是扩充你的词汇库。

就像学生时代写作文一样，高级的词汇总能让你得到更高的分数。表达也是一样，更丰富的表达能让你的赞美显得更加别出心裁。

就像英语里我们说“好”这个词的时候，除了“good”，还有 awesome，great，excellent，wonderful，terrific，fabulous，gorgeous，fantastic，unbelievable 这一大堆更高级的词。而只会用“good”的你，就显得分外词穷了。

第三个小方法，是适当地运用肢体语言。赞许的目光、友好的微笑、竖起的大拇指，都会让你的赞美显得更加真诚。

对于赞美，善于运用的人让赞美变成双方关系的催化剂。让人舒适的赞美，能让彼此的沟通更顺畅，氛围更轻松愉悦。运用不当的人，会在交流中让双方陷入尴尬的境地，给沟通增加难度。当然，还有的人对赞美不屑一顾，或者认为赞美别人是一种阿谀奉承，或者认为他人身上没有值得赞美的地方。要成为一个一开口就有影响力的人，学会赞美可以说是必不可少的技巧。

赞美不是为了讨好别人，而是为了让交流的双方顺利破冰，赞美一定要发自我们真诚的内心，没有真情实意的赞美是苍白的。希望你拥有一双能多多发现美的眼睛，用赞美让这个世界更美丽。

沟通小锦囊

- 赞美他人也是有技巧可循的，可以用 FFC 原则来和其他人开启良好的对话关系。所谓 FFC 原则，也就是 Focus（聚焦）、Feeling（感受）、Compare（对比）这三个原则。

- 我们在实际赞美别人的时候，可以先用聚焦的方式来说明细节，再用细腻的语言来表达自己实际的感受，最后通过对比的方法来获得对方的深度认同。

- 赞美不是为了讨好别人，而是为了让交流的双方顺利破冰。

15

移情力：如何深度理解他人

前段时间我和几个朋友聚会吃饭，因为都是在创业阶段的一群人，饭桌上难免会聊到工作。

有一位同样也是做媒体内容的老板，说到手下员工离职的问题，吐槽道："最近我团队的一个小朋友提了离职，说工作太累了，压力太大，实在干不下去了。我问他辞职了想去做什么，他说想先休息一阵子，缓解一下。我就劝了他几句，说现在工作不好找，可以先干着，如果觉得工作太多我们可以再安排。最后说了一句：谁不是这么过来的？"

面对朋友的苦口婆心，在座的各位仿佛都心有戚戚，纷纷表示赞同。结果这个朋友继续说："谁知道我刚说完，这孩子反而铁了心要走。你们说我团队还有哪儿做得不好吗？"其他人都说不出个所以然来，我笑着跟这个朋友说："因为你完全没认真去听下属的话，没有想去理解他啊！"

我这个朋友的问题并不是孤例，不管在生活中还是职场里，沟通双方经常会因为无法真正理解彼此的想法而产生矛盾。比如，对于对方描述的问题，你感觉并不重要，因此开始一心两用，对方就觉得你并没有认真在听，因此感觉不受重视；或者是你站在自己的角度，简单地理解对方后就否定了对方的想法，然后像只有自己很懂似的说"你说得不对，这事情应该是这样的……"；最后就像我那个创业的朋友那样，在对方和你分享自己的烦恼时，你就轻飘飘地说出一句"谁不是这么过来的"。

这些都是会发生在我们工作和生活中的沟通场景，不知道你是不是会这样说话呢？如果会，就要小心啦，因为这听起来很没同理心。归根结底，是说话人缺乏一种重要的能力，就是移情力。

什么叫移情力？就是在沟通中能够认真地倾听，并能暂时放下自己的立场或者偏见，站在对方的角度，甚至是把自己变成他，接着去深度理解对方的一种能力。拥有移情力的人，能够更好地理解他人的想法，移情力在交流中也能起到良好的润滑作用。

怎样才能拥有移情力，深度理解他人呢？

有三个方法：首先是认真倾听，这是理解的第一步，也是关键的核心；其次是儆其所恶，也就是避开对方的雷区；最后是学会使用团队语言。

认真倾听

倾听，也是拥有移情力最重要且最容易被忽视的一个方法。听到这里你可能会纳闷，我跟别人交谈当然会很认真地听对方说话啊！但真的是这样吗？有时候，你以为的认真，真的只是你以为。

我们举个经典的例子，就是恋爱中的男女。如果你是男生，你可以回想一下是不是经常发生这样的事情。晚上回家后，你和你的女朋友都靠在沙发上，这时候你的女朋友开始跟你分享她今天上班时公司发生的小八卦。她说，“今天上班有个女同事变得很不一样，肯定是周末去做了医美”，“最近××和××因为升职问题竞争，所以在工作室开始针锋相对”。你一边玩手机一边点头，突然她抓过你的手机开始质问你：“你到底有没有听我说话啊？！”你大呼冤枉，求饶地说：“我当然有听啊！”然后两个人就针对“有没有听我说话”开始吵架。

“有没有听我说话啊”不仅在男女朋友之间，在其他场合也会经常听到，可以说是沟通中发生的高频问题。因为很多时候你可能的确在认真听对方说话，对方却没有接收到这个信息，反而觉得你在走神或者干别的。

事实上，只要你做几个小动作，倾听这件小事也可以形成良好的互动。这里我教你几个小方法：

第一是给出反馈。心理学上有一个“格林斯潘效应”，意思是说人们在会话交流中已形成一些条件反射的定式。比如，在交流的时候，只要说的人听到“嗯嗯”的声音就会理解为肯定的意思。所以在对方说话的时候，给出一些类似“嗯嗯”这样的回应，能让对方有效地接收到“我正在听，你继续说”的信息，从而对方会继续把他想说的话说完。

第二个方法是用肢体语言，如面部表情等表现出对沟通方的肯定，这和格林斯潘效应起到的肯定作用类似，都是鼓励对方可以用到的小技巧。

第三个方法是核实信息。在听到对方说一些重要信息的时候，你可以向对方再次确认，来验证自己理解得是否正确，尤其是像数字、人名、地点这些比较敏感的信息。比如，同事和你沟通项目进度，和你说只有 3 天的时间就要交付了，你可以和对方再次确认 3 天时间是否有效。

这都是关于倾听的一些技巧。在沟通中，我们不仅要认真听对方讲话，还要让对方知道我们在听，这样才能达成良性的交流互动。

儆其所恶

这个词有点难懂，“儆”就是警戒、戒惧的意思，“儆其所恶”的意思就是尊重并避开对方不喜欢的东西。善于沟通的人总是能找到双方之间“安全值”最大的话题，引起大家的讨论兴趣。因此在和他人沟通的时候，我们需要特别关注对方的特点，想办法了解对方的喜好，避开会让对方不开心的敏感话题，从而避免进入“谈话雷区”。在日常工作和生活中，对客户、老板及其他重要的人，我们都需要特别注意，在交谈中注意并理解对方的敏感点，为沟通创造可持续的互动话题，找准对方的喜好去深入交谈。

举个例子，假设你的伴侣对你抱怨，虽然目前公司在运作的这个项目很成功，但是自己并不是这个项目的主要负责人，所以没什么成就感。如果你说："没关系啊，只要项目成功就好，你不是主要负责人没有那么重要。"这就是没有移情，对方最看重的是自身价值感，你非要磨灭他的尊严和价值感，谈话的结果只能是不欢而散。

儆其所恶，就是要避开他的雷区。你可以这样说："虽然这个项目你不是主要负责人，但是我知道你的工作能力是很强的，在下个新项目中你可以更好地发挥自己的价值。也许下个月的项目你就是负责人啦，我还期待下次你负责的时候和我分享更多呢！"

这个回答是不是更能够激励对方，激发他满满的进取心呢？接下来对方肯定也会更愿意和你聊一聊工作上的事情。

使用团队语言

深度理解对方的第三个要点是使用团队语言，就是在沟通中多使用"我们""咱们"这样的称谓。曾任福特汽车公司总裁的亨利·福特二世说过一句话："一个满嘴'我'的人，一个独占'我'字、随时随地说'我'的人，是一个不受欢迎的人。"为什么？因为在人际交往中，越喜欢使用"我"，越会给别人一种“这个人只喜欢突出自己”的印象，而在团队中这种人是非常不讨喜的。沟通的本质就是用言语引导和控制对方，在沟通中多使用“我们”，会让人有参与感，也更容易引起共鸣。

除了“我们”之外，以下这种话语，也能让人增强团队的使命感。

> 你初出茅庐，没有什么经验，如果老板对你说：“你尽管犯错，背后有我。”你听了是不是会倍受鼓舞？
>
> 你和其他部门的同事合作一个项目，如果对方说：“你们尽管去做，后面的事情交给我。”这样协作起来是不是元气满满？

团队的力量永远大于个人力量，多用团队语言，更能增进成员之间的感情，加深理解。

高情商人群的一大特点就是有移情能力。拥有了强大的移情能力之后，你更容易得到别人的喜爱与配合。试一试用认真倾听、儆其所恶、使用团队语言这三个方法，增强自己的移情能力。

沟通小锦囊

- 什么叫移情力？就是在沟通中能够认真地倾听，并能暂时放下自己的立场或者偏见，站在对方的角度，甚至是把自己变成他，接着去深度理解对方的一种能力。

- 怎样才能拥有移情力？有三个方法：首先是认真倾听，这是理解的第一步，也是关键的核心；其次是儆其所恶，也就是避开对方的雷区；最后是学会使用团队语言。

16

结构化倾听：听懂对方的“话外之音”

前两年有一部讲创业的电影，叫《中国合伙人》。里面有一句台词说：“听一个人说话，不要听他说了什么，而是要听他没说什么。”

这句话对很多人都很有用，因为沟通始于听，而不是说。不管是在职场里还是生活中，我们有时候总是习惯只去听取对方所说的话的表层信息，忽略对方的弦外之音，从而陷入一种沟通的“答非所问”中。最后你看似正面回答了对方的问题，却完全没有搞明白对方的实际意思。这种答非所问会带来很多负面结果，轻则引发生活里夫妻、情侣双方矛盾，重则职业发展受阻，在事业上被老板打上“没有悟性”的标签。

怎么才能打破这种“答非所问”的思维定式，学会听懂对方的弦外之音呢？你可以用“事实 + 背后的期待 + 行动”的铁三角模型，去结构化地学会倾听。

了解事实

铁三角模型的第一个要素是“事实”。所谓的事实就是指我们通过对话分析各类信息后得到的结论。

会倾听的人之所以能听出别人的弦外之音，是因为他们在脑子里建立了联系的立体思维，利用有限的信息拼出了全部事实。这就是当你接到指令后，要全面了解指令背后的目标，再用这个目标去拆解过程，拆解的目的是想清楚做什么，最后再去想要怎么做。

> 在每个课题项目开发前期，我都会让员工去做一下方案的框架。做一下方案的框架这句话，到底蕴藏了什么具体的信息呢？这句话背后的事实到底是什么呢？其实我让员工去做这个方案的框架不是事实，要检验员工的能力和态度才是事实。这件事情的完成率，决定了以后我还会不会把更加重要的工作机会交给他。另一个重要的关键点是要检验目前他

对这个项目的掌握程度如何，基于此推断项目后期的进展程度。当你面临老板布置的这项任务时，如果只是单纯从网上找一些内容做一个 PPT 来应付了事，就是没有认清事实的表现。这里我虽然说的只是做一个方案的框架，但我期待的是员工要去了解整体情况、做受众调研、制定课程主题、细化内容等，并针对这些问题想一些解决方案。

要知道，职场上最不需要的就是不会思考的员工，任何问题都需要领导一个接一个地问你，你一个接一个回复。这样的人很难得到重用，也自然无法升职加薪。只有听懂老板的弦外之音，事事想在老板的前面，才能在职场上走得更远。

分析背后的期待

明白了事实之后，接下来一步就是分析背后的期待。职场上有这样的说法：差劲的员工无法按时完成上级布置的工作；差不多的员工上级让做什么就做什么；真正优秀的员工却总能超出老板的期待，给老板惊喜。职场上每个人做某件事情或者说某句话都是有期待的，尤其是我们的上级。举个例子，老板让员工做文化墙。懂得倾听的人会开始分析，通过文化墙老板有什么期待呢？第一，通过文化墙激励团队向前进；第二，把公司文化融入员工骨髓；第三，提升团队的同频和共识。如果你最终完成的文化墙能够满足这三点期待，那一定是一次成功的执行，你今后得到老板重用的机会也会增加。

在面试的时候，面试官经常会问求职者一个问题：你对上一家公司怎么看？对这个问题的回答会直接影响你在面试者心中的定位。

我在面试员工的时候也会抛出这个问题，但我并没有想要听对方是怎么否定上家公司的，这不是我的期待，我希望他公正并且带着感激去评判上一家公司。你在面试中遇到这类让你评价前公司、前老板的问题时，可以怎样回答呢？

这种时候，你可以这样说："我的前老板教会我很多专业的知识，也传授给我很多职场经验。我在之前的公司沉淀了多年，学到了很多东西，我是非常感恩的。我今天的梦想和自己的未来规划跟原来的公司暂时不匹配了，因此我选择了离开。"

去行动

结构化倾听的最后一点是行动。这里的行动需要在前面两步的基础上进行，也就是在掌握现有事实及理解对方对你的期待后，你接下来采取的行动。

你要通过什么样的方式去行动，把你听到的事实和背后的期待展现给对方，用你的实际行动展示自己的工作能力。有一位和我合作过的非常优秀的老师，我无意中说我想做一些员工内部调整，他没有收我的钱，直接说帮助我给公司员工做一场内训，我非常感谢他，因为他在用行动支持我。

所以，一个会沟通的人一定要明白，沟通的起点是听，而不是说。职场沟通更是以听懂对方为前提，只有真正听懂对方的动力和目的，才能有针对性地采取正确的行动。所以，我们在与人沟通的时候，要善于通过对方的言语信息确定事实，并且从中挖掘对方的期待，才能在最后用行动给对方一个满意的答案，实现真正的高效工作。

沟通小锦囊

- 怎么才能学会听懂对方的弦外之音呢？你可以用“事实 + 背后的期待 + 行动”的铁三角模型，去结构化地学会倾听。

- 只有听懂老板的弦外之音，事事想在老板的前面，才能在职场上走得更远。

- 沟通的起点是听，而不是说，职场沟通更是以听懂对方为前提，只有真正听懂对方的动力和目的，才能有针对性地采取正确的行动。

17

建立亲密向度，感情升温，成为无话不谈的朋友

我曾经问过我的一个学员，他怎么看待自己的人际关系，他说了三个字：“心好累”。我问：“为什么呢？”他说：“婉琴老师，我可能有交往障碍，跟谁都谈不来。有些时候明明我想拉近关系，结果却适得其反，特别尴尬。”

阿德勒心理学认为，一切烦恼都来自人际关系，一个人的精力很容易被各种各样的人际关系束缚、纠缠。长此以往，你的精力会被持续消耗，进而透支，你就会有“心好累”的疲惫感。

你工作很多年，跟你关系好的同事也不少，但是你们之

间始终无法真正敞开心扉；

你对你的客户经常嘘寒问暖，笑脸相迎，但是你的客户总认为你“别有用心”；

你走在路上，好心帮助他人，别人却时刻提防你，仿佛你是个“坏人”。

其实，我们每个人都在用各种方式去极力维护我们面对的各种人际关系，为什么结果总是不尽如人意？

心理学家做过这样一个实验：在一个空旷的阅览室里，只有一位读者在看书，然后你走过去坐在这个人的身边看书，看看这个人有什么反应。这个实验测验了80个人，结果是，当你走过去坐在这唯一的读者身边时，没有一个人能忍受陌生人挨着自己坐下，很多人会选择默默离开，坐在其他地方，还有些人会非常愤怒，直接问你“想干什么”。

通过这个实验我们发现，任何一个人都需要在自己的周围建立一个能够把握的自我空间。这个空间就像一个透明的安全罩，为自己划定一定的“领域”。当这个“领域”被他人侵犯后，人就会感觉不舒服，出现抗拒或厌恶的心理。了解了这个原理，你就会明白，你的人际关系为什么会出现问题，因为只有与他人建立亲密距离，你们的感情才能迅速升温。

每个人都需要有一个“自我空间”，这个空间神圣不容侵犯，人与人之间就有一个空间距离的概念。只有保持一定的距离，才能稳定地维持某种关系，一旦越界，触碰了对方的敏感区域，就会导致关系破裂，人际交往就会失败。

美国人类学家霍尔博士就有一项“空间关系理论”的研究成果，他认为人与人之间有着看不见但实际存在的界限，这就是个人的领域意识。由于领域意识的存在，我们与他人在交往过程中就存在着四种交际空间距离。

四种交际空间距离

这四种距离分别是：亲密距离、私人距离、礼貌距离和一般距离。

它们都是什么意思呢?

亲密距离的范围是“亲密无间”，也就是可以有肌肤的接触，可以耳鬓厮磨。这种距离的交往场景一般发生在夫妻或情侣之间。特别私密的场景下的距离，即使我们跟要好的朋友之间也很少会触碰，因为一旦触碰，会马上引起对方的反感，有可能连朋友都没法做了。

接下来是私人距离。私人距离表现为伸手可以握到对方的手，但不易接触到对方的身体，也就是可以亲切握手，友好交谈。私人距离的交往场景一般发生在朋友、亲戚、熟人之间，可以在一些非正式的场合下进行交流，比如你和朋友分享的“小秘密”，一般都是在这种场合下交流的。

第三个是礼貌距离。礼貌距离也可以理解为社交距离，也就是在社交性和礼仪上较为正式的关系，一般我们在工作中或社交聚会上大多是礼貌距离。我平时在社交场合和人聊天的时候，偶尔会遇到不遵循礼貌距离的人，比如聊天的过程中对方会距离我们特别近，甚至把脸凑到面前和我们说话，我们本能地后退，对方却又上前，完全没有意识到这属于侵犯私人空间。尤其是在商务谈判的时候，你如果不注意这一点，会给对方留下不好的印象，让对方认为你这个人没有分寸感。所以，在社交场合一定要注意，与不熟的人交流时，保持 1 米的礼貌距离。

最后是一般距离，也就是公共距离，就是平时我们与陌生人的交往距离。比如，你远远地看到一个人走过来，你跟他可能不会产生什么联系，就像你看到有人在舞台上表演，如果他没有走下来与观众互动，那么表演者和观众之间就不会产生有效沟通。

如何拉近交际空间距离

你现在知道了，人是有领域意识的，所以人与人之间才存在着四种交际空间距离，空间距离代表着人与人之间的关系，空间距离越近，关系越亲密，沟通也就越容易。我们要如何提升亲密度，来提高我们的交际能力呢？

比如，你想跟你的客户或者同事成为朋友，你要怎么做呢？

我们来分析一下，首先你跟客户或者同事之间的交际距离是礼貌距离，而你与朋友之间的交际距离是私人距离。礼貌距离和私人距离之间存在着一个概念，就是“亲密话题分级”。也就是你跟朋友之间聊的话题是“共鸣话题”，即家庭、学校、吃住、恋爱关系、文娱活动这样的内容；而你跟客户或者同事之间聊的话题大多是“安全话题”，聊的一般都是工作、天气、健康、新闻、娱乐、交通、附近建筑街道等内容。

所以，话题不同，亲密关系也不同。如果你想跟客户或者同事成为朋友，你就要提高话题分级，也就是从安全话题上升到共鸣话题。

借鉴三个方法，你能和他人快速成为无话不谈的朋友。这三个方法分别是请教法、悲伤法和兴趣共鸣法。

首先我们来说第一个方法：请教法。请教法就是别人在某一方面做得好，而你恰恰在这方面做得不够好，你就要虚心向别人请教问题。

比如，你其实很想拉近跟客户之间的关系，经常对客户嘘寒问暖。但这时候你还没有把安全话题升级为共鸣话题就直接开始寒暄，问东问西，这样做其实适得其反，因为对方觉得跟你的关系还不足以到“朋友”的地步，你不能一厢情愿地硬来。

很多场景下都可以用请教法，比如，看到别人家的小孩子很懂事，可以向对方请教育儿经验；看到年轻时尚的同事，可以请教她皮肤保养的秘诀；遇到优秀的职场人士，可以请教他如何把工作完成得这么优秀。找到很多共鸣话题，你们之间的话题分级就提高了，从安全话题上升为共鸣话题，交际的空间距离也自然地也从“礼貌距离”上升为“私人距离”，也就是你们从客户关系升级为朋友关系。

当年我刚到深圳创业的时候，遇到过很多困难，但是我身边有一些优秀的创业者和企业家，我很喜欢用请教法来拉近距离。我会请教：这个结果是如何做到的？你的人生怎么会有这么大的转变？你到底经历了什么？

用这样的方法，我不仅得到了很多做人的智慧，产生了对我创业有很大帮助的商业想法，也和很多优秀的人成为无话不谈的朋友。

这就是第一个方法：请教法。从请教对方问题入手，提高话题分级，这是拉近距离的第一步。

第二个方法：悲伤法。我们每个人都有缺点，都有失败的经历，有的时候，暴露你的一些缺点比展示你的优点更能增加与对方的亲密度。

有时候我和学生聊天，明显感觉到对方有点紧张，这时候我会和他分享一下我自己的糗事，我会告诉他我过去也曾经面临很大的困境，欠了别人很多钱，那时候很迷茫，经常控制不住自己的情绪。我主动曝光自己的缺点，就是为了让对方放松，拉近彼此的心理距离。有一次，当我对一个学员讲完我高中时学习成绩不好，是问题学生后，他也主动分享自己高中时被开除的经历，还和我分享了很多自己的心路历程。就这样，我们之间就从老师和学生的关系，拉近到有共同经历的朋友关系了。

如果你太过优秀，总让人觉得高高在上，那么你就可以适当地学会用悲伤法抛砖引玉，打开对方的心扉，快速让感情升温。这就是悲伤法的作用。

第三个方法：兴趣共鸣法。兴趣共鸣法就是从兴趣爱好出发，找到共鸣话题，通过共同的爱好，创造在一起交流、互动的机会，建立共同的兴趣圈等。

之前我参加一个高端的总裁班课程，和班上的学员非常容易产生共鸣。

第一，我们大多数是女性企业家，性格都比较强势；第二，我们对未来的人生目标都非常明确；第三，在各自的事业上都有所成就，聊起工作上的话题都是热火朝天；第四，在婚姻生活中都会遇到一些小问题。我们白天一起上课，晚上会一起喝点东西，聊聊天。我们可以从公司管理聊到美女总裁背后的婚姻生活常态，非常有共鸣。

我想这就是所谓的“物以类聚，人以群分”，当一群人有着和自己一样的兴趣爱好、生活品位的时候，就会形成一个很舒适的圈子。

人是社会性动物，与他人交往是我们的本能需求。如果你在经营自己的人际关系时也出现了我开头提到的那位学生的情况，不妨试着用请教法、悲伤法和兴趣共鸣法改善你的人际关系，增加彼此交往时的幸福感。摆脱糟糕的人际关系之后，你也许会发现，与他人建立亲密关系并不难，只要用对方法，你也能拥有很多无话不谈的好朋友。

沟通小锦囊

- 人与人之间有着看不见但实际存在的界限，这就是个人的领域意识。由于领域意识的存在，我们与他人在交往过程中就存在着四种交际空间距离。

- 四种交际空间距离分别是亲密距离、私人距离、礼貌距离和一般距离。

- 请教法、悲伤法和兴趣共鸣法这三个方法，能让你和他人快速成为无话不谈的朋友。

PART 4

提高沟通效率，快速获得职场晋升

18

掌握说话万能公式，有效提高职场存在感

你身边有没有这样的人？每天上班兢兢业业、任劳任怨，工作无差错但也绝不出彩，安静得就像是一块背景板。从职场新人变成职场老人，还是“小透明”一般的存在。

如何才能避免成为“职场小透明”，有效提升话语权，提高职场存在感呢？首先，你要清楚地了解职场沟通中的三个现实。

职场沟通的三个现实

第一个现实是，职场沟通是以目标和结果为导向的。

一旦你发现自己在职场中的发言表达了过多的情绪，而

没有在说事情，你就要开始反省自己。因为职场正确表达的第一个真相，就是要以目标和结果为导向去高效地输出事情。我曾经就遇到过这样的人，他每天在工作中都抱怨事情多，压力大，发泄他的负面情绪。长此以往，他在上司的眼中就是一个工作能力不足、抗压性差的员工，有重要的工作上司也不会交给他做。当工作中有压力时，向你的上司具体汇报清楚工作中的难点和阻力，并表明会努力达成目标的决心，这样的做法更容易提高在职场中的存在感。

第二个现实是，职场存在身份差。

这点很好理解，在游戏里大家都有各自不同的身份，身份就是我们的角色定位。在职场里也是这样，即使在同一个办公室里，也会因为级别、职务、利益的不同，大家处于不同的身份状态。不同的身份，决定了我们应该怎么说，该采用什么样的态度去接受。

职场中的身份差都包括哪些情况呢？

第一种情况是，你和老板之间的身份差。你的老板是你的上级，在一定程度上决定着你在本公司的前途，你对他的态度应该是尊重的，你应该在他面前尽最大努力表现自己。

当老板交给你一项任务："小李，把这个项目做成 PPT，下班前交给我看。"

如果你说："下班前时间太紧了，可能做不完，今天还有 ×× 要做。"

老板可能就去问你同事了，你同事说："好的，老板，保证完成任务。"

同样的工作，你同事就能合理地安排，完成任务；而你就抱怨工作多。最后的结果肯定是老板以后很少找你了，有事都让你同事做。

通过这个例子你就明白了，老板比你更有话语权，他交代的事，你必须要做，有困难也要想办法解决，而不是上来就拒绝。

第二种情况是，你和同事之间的身份差。一般来说，来公司时间越长的员工，资历越高，相应地，他就越有话语权。

比如，老板开会问："这版封面用哪个颜色，用户更喜欢呢？"

你的同事，公司里的一位老员工说："黄色，去年那版黄色封面销售量是 ×× 万册。"

你应该怎么说？你给的方案没有老员工的有说服力，毕竟你入职时间短。

其实，你可以这么说：“我的方案是红色，因为红色更有冲击力，×× 品牌的爆款就使用的红色。但是黄色确实是咱们用户更喜欢的颜色，是否可以在试卖的时候使用红色，如果效果好，再考虑正式使用呢？”

你这样说，既肯定了老员工的经验和能力，也表达了自己的想法，体现了自己的工作价值，老板肯定也会慎重考虑你的方案。

第三种情况是，部门之间的身份差。一般来说，核心部门的话语权要比辅助、边缘部门的话语权更大。

比如，销售部的同事跟老板说：“老板，我需要采购 10 部手机作为本月促销活动的礼品。”

你是行政部的，你接到这项任务，应该怎么回答老板呢？你可以这么跟老板汇报：“公司的预算是 ×× 元，这 10 部手机的成本是 ×× 元，超出了预算。为了公司盈利目标考虑，可以更换便宜点的手机品牌，最大限度地降低成本。”

你这样说，老板是不是会觉得，你既帮助公司完成了盈利目标，还为公司省了一笔钱？之后老板是不是会更愿意问你对事情的看法呢？

以上这三种情况，就是职场中的身份差。

职场里还有第三个现实，职场存在很多禁忌。

第一个禁忌就是不讨论薪酬，职场薪酬属于个人隐私，本来就是你不该问的，你问出口别人不想回答，双方都尴尬。换个角度想一下，就算你真的知道了某位同事的薪酬，如果他的薪酬比你高，你还容易伤心呢。第二个禁忌是不聊八卦，尤其是不聊老板的八卦，尤其是女老板。我公司里有的小伙伴会很好奇我先生是谁，讨论来讨论去的，这种八卦气质是很给自己减分的。

职场里，不是所有的场合都适合肆无忌惮地说话，也不是所有的话都适合在职场里面说。职场说话有禁忌，这些禁忌你一定不能碰，什么话该说，什么话不该说，你一定要想清楚，毕竟在职场最能体现自己价值的事情是做好业绩。

以上就是职场沟通的三个现实：沟通要以目的和结果为导向、沟通要注意职场中存在的身份差和职场沟通有禁忌。

职场说话万能公式

想要有效提升话语权，提高职场存在感，要在熟知这三个职场现实之后，掌握一套说话的万能公式：你有困难＋我有办法＋快来找我。

万能公式第一步“你有困难”，就是找到对方的需求点。职场沟通中存在身份差，既然有了身份差，那就说明，不同身份的人，都有各自不同的利益点，你要站在对方的角度去想问题，对方有什么困难？需要什么帮助？

> 举个例子，我有一个朋友在出版社工作，做策划编辑。有一次他和我讲，他发现市场部的小伙伴为了更好地做图书推广，会请作者配合在微博上转发一些相关的内容，但是作者常常会拒绝，这在很大程度上影响了图书的宣传。后来，他就主动找到市场部的小伙伴，表示因为策划编辑和作者的沟通相对比较多，关系也更近，如果市场部有需求，可以帮忙协调作者配合宣传工作。市场部门的小伙伴非常感谢，后来因为他的帮助，图书的宣传做得非常到位。我的这个策划朋友就是发现了其他部门同事的困难，并且主动提供帮助。

万能公式第二步“我有办法”，也就是你价值的体现，具体说就是，你能为这件事做什么，你能帮什么忙。

在策划编辑配合市场部做营销的这个案例中，“我有办法”就是主动帮市场部说服作者配合宣传。在同事之间，尤其是大家职级差不多的情况下，越是主动帮助别人，才能越有存在感。毕竟公司是一个整体，如果各部门自扫门前雪，自己获得的支持也会越来越少，整体业绩自然也会受到冲击。因为职场中的身份差，你的举手之劳可能就解了其他同事的燃眉之急，自己的价值也得以彰显，何乐而不为呢？

万能公式的最后一步是“快来找我”，意思就是“我来帮你，我来行动”。这样的方式会给别人安全感。我们公司的一个线下部门，有个口号“放心，把流量交给我们”，这就是在告诉所有线上部门：把流量交给我们请放心，我们会用自己的实际行动去实现效果。他们用具体的行动体现自己的存在感，也更好地实现了部门间的协作。

你有困难 + 我有办法 + 快来找我，这几个步骤是相辅相成的。在职场沟通中做到综合运用这个公式，你在职场上的存在感就会非常强。

我曾在某个项目中遇到过一次很大的困难，就是管理团队。当时那个项目的股东非常多，我被推举为总裁这个角色。虽然身处这个位置，但我的存在感其实是很低的，每次想要调动各位股东配合做什么事情，都很被动。

于是我请教了一位老师，他告诉我可以试着把我擅长的事情教给他们，用这种方式让大家信服，突出自己的存在感。我的优势是善于商务谈判，这也是大家推选我做总裁的原因。于是我在召开会议的时候主动提出："各位正在做的项目都遇到了一些困难，尤其是业务和销售成交方面，这两个方面刚好是我比较擅长的，我会把自己在创业经历中谈大单子的经验分享给各位。"

这次会议之后，我有针对性地帮助各位股东，把经验分享给他们。在股东之中，我是那个主动挖掘对方需求，并且会用行动给对方支持的人。从此之后他们对我的尊重度和喜爱度都提升了，我也用这样的方法突出了自己的领导力。你会发现，即使你身处领导的位置，也永远不要期待用你的权势来压倒别人，没人会认可你，最好的方式是用能力征服别人。

在职场里，我们都应该学会运用这个体现自己价值的万能公式——你有困难＋我有办法＋快来找我，有效提高职场存在感，从职场小透明变身一个拥有超级人脉、超级受欢迎的职场达人。

沟通小锦囊

- 职场沟通的三个现实：第一个现实是职场沟通是以目标和结果为导向的；第二个现实是职场存在身份差；第三个现实是职场存在很多禁忌。

- 想要有效提升话语权，提高职场存在感，需要掌握一套说话的万能公式：你有困难 + 我有办法 + 快来找我。

- 职场中，在大家职级差不多的情况下，越是主动帮助别人，才越有存在感。

19

用 PREP+A 思维模型进行沟通，让职场效率翻倍

我记得一句特别经典的诗句："世界上最遥远的距离，不是生与死的距离，而是我站在你面前，你却不知道我爱你。"

职场中也有一种特别常见的沟通场景："世界上最遥远的距离，不是我说与不说，而是我说了这么多，你却不明白我在说什么。"你可能经历过这样的沟通场景：

> 你跟同事说了件工作，同事明明说"知道了"，当你再问他进度的时候，他却说不记得这件事。
>
> 你给下属安排了一项重要任务，等你着急要结果的时候，他却说不出工作的具体执行安排。

你给兄弟部门发起了一个项目，你希望是这样的结果，对方却给出另外一种结果。

你会发现这样的沟通效率可能会导致你需要花成倍的时间反复沟通一些事情，结果不仅影响工作效率，更影响你升职加薪的脚步。因为在职场中，我们每一个人都不是独立存在的，你做的每一个项目也离不开同事、上级、下级的支持，没有一个好的沟通方法，对方就无法理解你，何谈在职场上的成功？

职场沟通效率不高，工作结果就会出现问题，是什么原因导致沟通出现问题呢？一般是这三个原因：第一个原因是，你以为说了，对方却没有收到；第二个原因是，对方收到了信息，并不知道具体需要做什么；第三个原因是，你对项目的表达和对方的理解不在同一条线上，所以结果也不会相同。

人类的大脑就像电脑一样，每天需要处理海量的信息，这些信息接收进来，大脑都要逐一进行分析，然后生成一个“图像”传送给你。就像我们看电影一样，如果屏幕里就一个静态文字或者图像，你肯定是记不住这条信息的，但如果是一部特效大片，你肯定记忆深刻。比如，你说“这是个橘子”，大脑就记录了一条信息，给你传输的“图像”仅仅是个水果而已，你不知道这个橘子有什么意义，你就很难记住它。但是如果你说这是一个你咬一口就能流出像蜜一样甜的汁液的橘子，这些汁液里包含了大量的维生素 C，可以补充身体所需要的能量，让你的皮肤又白又嫩。大脑马上就可以把这些信息生成一个“动态电影”，橘子多么甜，营养多么丰富，对你身体多么好，你一定记得吃。你就会记得非常清楚，每天想吃一个橘子。大脑更容易理解那些像“故事”一样有理有据的信息。

在职场中与人沟通也是这样的，你只是说“把这个白色调整成蓝色”，对方就不能很好地理解你的意思，哪种蓝？天空蓝还是海水蓝？调整的结果很可能跟你想要的大相径庭。但是你说“把这个白色调整成蓝色，最好像刚下过雨的天空的那种颜色，让人有心旷神怡的感觉”，对方就懂你要的感觉了，做出来的东西肯定跟你提的要求基本一致，这时候你跟对方的沟通才算是高效的。

用 PREP+A 思维模型给对方的大脑“讲故事”

在沟通过程中，有什么方法可以给对方的大脑“讲故事”，让对方一听就懂呢？最高效的沟通方法是 PREP+A 思维模型。

第一个P代表Point，就是观点。

R代表Reason，就是理由。

E代表Example，就是事例。

第二个P代表Point，就是结论，也就是再次重复你的观点。

A代表Action，就是做法，也就是你的这个计划最后要怎么施行，给出可行性的计划。

利用PREP+A的模式，可以有效凝聚员工的向心力，增强员工的战斗力。

有一次，我们举办一场活动，还有5天的时间就要开始了，但是报名参加的人很少，整个团队变得死气沉沉，没有战斗力。这时候，我就是用了PREP+A这个思维模型给整个团队打气。

我先说P，观点：咱们的线下课程还有5天的时间就要开始了，我相信大家一定能赶在最后的期限把准备工作安排完善好，保证这一场的业绩。

R，理由：第一，我们的线下业务一直以来都做得非常成功，我相信这一次也不会例外；第二，整个团队小伙伴的潜能连1%都没有被开发出来，我相信你们的潜力和爆发力；

第三，我们这次的线下课程在时间上经过了相当周密的课程改革，也更加顺应市场的需求，只要找准客户，他们的需求还是非常高的。

E，事例：之前咱们团队的小张也有过迷茫期。那时候，她连客户电话都不敢打，好不容易鼓起勇气找客户还经常被拒绝。现在的她经过自己的努力，没有了之前的青涩，不仅销售能力在团队中数一数二，还会帮助别人修改演讲稿，能量彻底被激发出来了。

P，结论，也就是再次重复你的观点：所以我认为，这次我们的团队一定能够用 5 天时间创造奇迹。

A，做法：团队中的每个人，我都做了具体的工作安排，全部责任到人。有人负责会场沟通，有人负责客户邀约，有人负责宣传物料。

另外，我还专门给负责客户邀约的员工做了紧急培训。

我用 PREP+A 思维模型点燃了团队热情，事实证明，我们的团队确实潜力无限，利用 5 天的时间完成了一场线下课程的准备工作。最后，这场活动顺利开展，整个团队也获得了满满的成就感和价值感。

在和领导的沟通中，你也可以套用 PREP+A 思维模型，给自己的表达加分，顺利争取到想要的资源。举个例子，当你需要更多的预算为产品做推广的时候，你可以这样和领导汇报：

首先输出观点：×× 产品需要公司提供更好的推广预算支持，带动产品销售。

之后给出理由：提高推广预算之后，能够更全面地展开宣传，提升产品知名度，购买的客户也会越来越多。

再给出事例：前段时间，在某平台的宣传给我们带来了流量提升，带动了产品销量。

最后得出结论：我们需要加大广告投放，为产品带来更好的销量。

具体做法：得到预算之后，如何进行分配，和领导汇报清楚。

你用这样的方式，领导会很容易理解你想表达的内容和观点。

PREP+A 思维模型逐步解析

你想要说服别人，还需要掌握一定的方法，来让你的理由更加充分，我们再把 PREP+A 思维模型中的重点部分逐一来分析一下：

首先，如何说理由，也就是 R（Reason）的部分，让你的理由更充分，可信度更高？理由的核心就是差异化 + 优劣势。差异化就是要体现别人没有而我们有的，别人不敢尝试而我们敢尝试的东西，体现我们品牌独树一帜、独一无二的内容；优劣势就是你观点里的内容，即这样做的优势有哪些，劣势有哪些，优势大于劣势，所以你才提出这样的观点。

比如，你的观点是，你提议你们西餐厅能在某个城市开分店。按照差异化 + 优劣势的方法你的理由要怎么说呢？

你可以说："根据咱们市场调查的结果，×× 城市有 85% 以上的年轻人喜欢吃西餐，但是目前该城市仅有 2 家西餐厅，供不应求，现在正是我们进军该市场的最好时机。并且该城市房租、人员、材料等成本相对较低，我们的成本也可以得到很好的控制，盈利空间很大。如果我们现在不在该城市开分店，据说我们的对手也看中了这个城市的资源，如果让他们抢先进入，对我们今后的发展是非常不利的。"

你的差异化就是目前该城市西餐厅供不应求，正是开分店的好时机。优势是成本可控，盈利空间大；劣势是，如果错过时机，对手可能会抢占市场先机。所以开分店刻不容缓。

这就是你说服对方的理由：差异化 + 优劣势。

其次，如何说事例，也就是 E（Example）的部分，你有哪些证据来证明你的观点？我的方法是：数据 + 同产品对比。

比如，你想说服领导将美陈的颜色从红色改成黄色。你可以说："我们的竞品在某次活动中的美陈主题色就使用的红色，但是数据效果与我们以往的展示效果相比，并没有多大的提升，因此可以看出，美陈主题色用红色效果不明显，我建议用黄色。因为从色彩心理学的角度来看，红色代表着激情、危险、欲望，一般红色容易提高人的心率和呼吸频率，使人在心中燃起愤怒，加强侵略感，红色用不好的话会起到反作用。而黄色代表能量、幸福、快乐、乐观，人看到黄色可以感受到快乐和积极。从色彩心理学的角度来说，黄色比红色更适合做美陈的主题色，并且 ×× 品牌的黄色美陈主题色，数据效果就非常可观，收益很大，所以我认为，黄色值得参考。"

这就是你所陈述的事例的部分，利用数据 + 同产品对比的方法。

最后是如何说“做法”，也就是 A（Action）的部分，用如何配合 + 时间节点的方式可以提高沟通效率。

举个例子，还是黄色美陈主题色，你说完了观点、理由、事例，又重复了观点，该谈具体怎么做了。你的领导需要怎么配合你？你的同事需要做哪些工作？这些需要一一说明白，可以分两步走：第一步，如果你的观点或方案还没有得到认可，你要先得到上级肯定的答案，你可以这样表达：这次新尝试的美陈主题色，在以黄色为主色的基础上，我还在配色、样式等方面做了两套方案，呈现的视觉效果稍有不同，希望领导对比后再做定夺。

如果你的观点或方案通过了，你的领导认可、同意了，那么就走第二步，说明你需要哪些部门配合你共同完成这个项目。比如，你可以给设计部提要求，要求在某个时间节点完成整个设计图的制作；运营、市场部门的宣传物料在哪些时间节点要统一在线上发布；销售部给客户派发的资料需要有哪些修改和体现，在哪些时间节点完成；等等。

当你能够把需求具体化，给出明确方向和时间节点，对方就能很快理解你的需求，也更愿意配合你的工作。

所以，先给出一个结论，接着提供理由和事例来证明自己的结论是正确的，最后再次强调你的结论，并给出具体的执行方案，这就是 PREP+A 沟通方式的精髓。把 PREP+A 沟通方式套用在你的职场表达中，有理有据地与人沟通，慢慢你会发现，自己的思维方式也更加高效和有逻辑。

沟通小锦囊

- 职场沟通问题一般源于这三个原因：第一个原因是，你以为说了，对方却没有收到；第二个原因是，对方收到了信息，并不知道具体需要做什么；第三个原因是，你对项目的表达和对方的理解不在同一条线上，所以结果也不会相同。

- 大脑更容易理解那些像“故事”一样有理有据的信息。

- 在沟通过程中，有什么方法可以给对方的大脑“讲故事”，让对方一听就懂呢？最高效的沟通方法是 PREP+A 思维模型。

20

走出工作汇报误区，成就职场高情商

作为一名职场人，你可能会遇到这样的场景：

你的同事给老板汇报工作的时候，只说了几句话，老板就上心了，之后老板就经常找他交流和沟通。慢慢地，老板把重要的事情都交给他做。

你给老板汇报工作的时候，要么刚一张嘴就被老板叫停，要么就是辛辛苦苦准备的汇报，老板随便两个问题，就把你问得哑口无言。

之后你眼看着同事升职加薪……

同样都是职场人，为什么你和同事的差距这么大呢？因为老板在心里已经通过员工每次的工作汇报把他们分成了三个类型的人：低情商员工、中情商员工和高情商员工。一般来说，低情商员工，老板只认可他的工作结果；中情商员工，老板认可他的工作能力；高情商员工，不仅可以让老板认可他的工作能力，还能随机应变，给老板制造惊喜，让老板喜欢他。换句话说，工作汇报是工作能力最直接的展现。做好工作汇报，首先要避开工作汇报中的四大误区。

第一大误区：不知所云或者自说自话

你有没有想过，为什么老板不爱听你汇报却爱听你同事汇报？因为你只顾着汇报自己的工作成果了，没有引起老板的兴趣。怎样才能引起他的兴趣？

> 举个例子，比如，老板问你："小张啊，咱们这周的洗发水卖了多少瓶？"你回答："老板啊，销量不错，卖了 1 万瓶。"
>
> 表面上你这么说没问题，如实汇报了数据，但老板心里可能还有疑问：为什么只卖了 1 万瓶而不是 2 万瓶？销量怎么提高呢？老板没有通过你的回答找到答案，于是问你同事

了，你同事怎么回答的呢？

他说："老板，咱们这周卖了 1 万瓶，但对手品牌卖了 2 万瓶，因为他们搞了一波促销活动。我想咱们也要尽快跟上，我昨天就做好了活动方案，您如果有时间，现在我就详细跟您说说。"

你同事就设置了老板关注的一个兴趣点，对手品牌比我们卖得好。这个兴趣点，你可以理解为我们小时候读过的《一千零一夜》，最后那个王后之所以没被国王杀掉，就是因为她每天给国王讲故事，讲到关键时刻就不讲了，吊着国王的胃口，让国王想杀她的时候还想着她讲的故事，只能留着她。

做工作汇报的时候设置这样的钩子，会一步步地勾着老板听你说话。

第二大误区：照本宣科，答非所问

这个情况还是挺普遍的，我就遇到过，有一次我要求下属给我汇报一个项目的情况，他抱着笔记本电脑就来我办公室了，坐我对面，然后我就提问了："××项目现在什么情况啊？"

然后他就开始说了，怎么说的呢？他对着他的电脑，打开那个PPT就开始念，我心想念就念吧，说清楚事也行。后来他说到一件事，我说停一下，提了一个问题，结果他好像被我这么一打断，大脑也短路了，有点蒙，想了半天不知道怎么回答，后来支支吾吾的，也没说清楚。没办法，我只好又叫了跟他一起参与项目的同事，才把事情问明白了。

这事之后，我就要求我的下属，再出现照着稿子念的汇报，都是不合格的，因为我不需要一台复读机。

所以，如果你汇报的时候也习惯照着稿子念，我提醒你这样很不好，你照着念，说明你对汇报的内容不熟悉，为什么不熟悉？因为你心中没有框架，这就好比你高考时写的议论文一样，你写的时候是不是要列提纲，想好论点、论据、论证方法？心中有框架后，即使立刻让你说，你也能说个八九不离十，就是这个道理。

第三大误区：表演过度，俗称“假大空”

这个现象也不少，主要表现就是，在汇报的时候为了表现自己工作优秀，有点表演过度了，说得完美无瑕，却没有给出实际的工作想法和反馈。

我举个例子，比如，你说：“上周我很好地完成了工作任务，跟进了客户，很好地解决了他们遇到的问题。下周我会继续努力，保质保量地完成工作。”

你这么说，好像你该做的都做了，而且做得还不错，但是到底好到什么程度，没有具体数据，你对工作有哪些思考，你的收获和不足，这些都没说。

如果你这样说：“上周我完成了 10 万的业绩，跟进了 30 个客户，解决了他们遇到的问题，其中退费问题占了 15% 的比例。我之后会针对这个情况跟相关部门做深入讨论，争取把退费比例降至 10% 以下。下周的工作目标是完成 20 万的业绩。”

你这样说，是不是既能表现自己很好地完成了工作，又避免了假大空？有数据，有问题，有解决方向，有目标。

第四大误区：只提问题，没有任何解决方案

很多人在工作上遇到问题后，总是第一时间汇报给老板，等待老板的决策和支持，这类员工在职场中的发展是很被动的。因为老板的工作比较繁忙，时间也很有限，没有办法总是去替你解决问题。而且，当你带着思考和方案提出问题的时候，其实你是在给老板分忧，提高自己的格局，让自己的眼界变得更宽。

具体要怎么做呢？有三个方法：

第一，30 秒电梯法则。

“30 秒电梯法则”来自世界著名的咨询专家麦肯锡。有一次他的员工在电梯从 1 层到 30 层的 30 秒时间内，没把事情说清楚，导致公司丢了一个重要客户。后来他就要求所有员工学会在非常短的时间内把事情说清楚。

你要明白，你的老板就是你的重要客户，你要学会在 30 秒内把事情说清楚。怎么样才算说清楚了呢？首先你要分析老板的心理和决策特点：

首先，他的时间很分散。你想想：他每天要处理多少事？要看多少邮件？要听多少下属汇报工作？他有多少精力听你说的话？你要在非常短的时间内抓住他的兴趣点，就像我上面提到的《一千零一夜》的故事，你每次汇报都得准备这样一个精彩的故事。

其次，你要知道，老板都是偏重理性思考的。一般他的关注点包括这几个方面：这项工作为什么要做，要怎么做，这么做的优势，以及马上要进行的重点工作。

举个例子，你跟老板说：“今天我的工作是拓展了新渠道，开通了抖音账号，之后想把这个账号做起来。”

你的老板可能会问了：为什么要拓展抖音号？怎么运

营？运营成本和盈利有多少？你之后打算怎么开展工作？让老板问你，是不是显得你工作没做好？这些都是你应该跟老板汇报的。

你应该怎么说更好呢？“老板，我今天开通了抖音账号，因为我了解到，目前我们的对手有 ×× 渠道，他们的抖音号吸粉 ×× 万了。除了我们行业，×× 品牌也通过抖音号吸粉 ×× 万，收入增长 ×× 元。所以说，运营抖音号是大势所趋，我之后准备开展 ×× 工作。”

你这样汇报，老板还会有疑问吗？不仅没疑问，他还会跟你持续交流怎么样把抖音号做起来，你很有可能就是未来这个项目的负责人。

运用 30 秒电梯法则应该怎样汇报呢？第一，设置钩子，钩着老板的兴趣点；第二，要有逻辑性，把老板关注的工作方向都要想明白，说清楚。

第二，金字塔原理。

所谓金字塔原理，是从结论开始说，然后再说论点，论点先要充分论证结论的可行性，之后再说论据，用案例或者数据来支持你的论点，一层层向下推演，就像金字塔那样延伸出去。

金字塔原理是一个结构框架，就像你高考写议论文列大纲一样。

比如，老板问你："咱们现在上市这款无糖饮料怎么样？"

你就可以运用金字塔原理这样回答他。

先说结论："我觉得现在上市这款无糖饮料正是最好的时机。"

然后说论点："一、趋势。无糖饮料是大的趋势，因为现在大家都注重健康，注重养生。二、季节。夏季正是饮料的热卖季节，所以必须尽快上市售卖。"

接下来说论据："目前我们的受众人群是90后，××调查数据显示，90后有一半以上的人注重养生，而喝无糖饮料的人数竟然高达80%。就连××行业也跨界推出无糖饮料了。由此可见，我们现在推出这款无糖饮料迫在眉睫。"

这就是使用金字塔原理的说话方式。在汇报工作时先讲结论，再推论点和论据，层层往下讲，不仅逻辑清晰明了，还能让对方在前期快速获得信息。

第三，学会随机应变。

我们在工作中都讲究灵活，汇报工作更是要学会随机应变，这也是一个高情商员工应该具备的素质。

比如，你正在汇报一个线下培训的工作，老板听到你说到场人数时突然想起来，上次参加的人数是300，问你为什么这次才100。面对这样你毫无准备的问题，你该怎么办？

如果你说："这是市场人员提供的人数，我只是执行。"老板肯定会质疑你的工作能力："你都不知道为什么的工作，能干好吗？"

但是如果你说："这个问题，市场部与我们开过会，大概受成本、场地、开课时间、转化率等多种因素影响。如果您现在就要看具体分析报告，我马上找出来给您。"

你这样说，老板第一个反应就是，虽然这不是你的本职工作，但你有注意这个问题，你下面开展的工作就不会跑偏，他也就对这个问题放心了，而你汇报工作就不会出现答不上问题这样尴尬的情况。

随机应变的能力也源自日常工作的积累。第一，当你要去汇报某个项目的时候，做到对项目充分了解，做到对每个细节、每个数据都熟稔于心，这样，面对老板的发问才能对答如流。第二，换位思考，站在老板的角度去预设可能被问到的问题，并且做好预案。第三，如实汇报，当老板问到你不清楚的数据时，不要给他一个大概的预估数目，这会让他怀疑你的专业性，你可以说："这个数据我暂时没有调查，我记下来，调查之后马上给您一个反馈。"

学会随机应变，是你在工作汇报中很重要的技能，是你高情商、综合实力的体现。

老板每天要处理的事情非常多，你和他汇报工作时，他会在短时间内判断你所说的事情是否有价值。所以，迅速直达核心，做最有价值的工作汇报，你才有更多得到赏识和重用的机会。

沟通小锦囊

- 工作汇报是工作能力最直接的展现。做好工作汇报，首先要避开工作汇报中的四大误区。第一大误区：不知所云或者自说自话。第二大误区：照本宣科，答非所问。第三大误区：表演过度，俗称"假大空"。第四大误区：只提问题，没有任何解决方案。

21

巧提意见和要求，得到更多认可和支持

我们跟朋友聚餐时，彼此最喜欢分享的就是职场中的“扎心”事，如“我的方案又被否定了”“我提的建议又没有被采纳”“我跟客户的谈判又失败了”……

你有没有想过，为什么你的意见总是不被别人认可或支持？你有没有思考过这样几个问题：

第一个问题，你的行为与言谈是否一致？比如，你总是抱怨下一个环节的同事没有按时提交任务，导致项目工期延时，但是你的工作有没有做到位？你给同事提交的方案是否准时，后续你又是否及时跟进项目，及时发现问题，保证项目的工期按时完成呢？

第二个问题，当你压力很大的时候，你的反应是什么？比如，你的老板跟你要利润，但是保证利润最大化的同时，产品质量势必会受到影响，你是不是为了利润牺牲产品质量呢？

第三个问题，你的建议或者方案的出发点是利己还是利他？比如，你开会时的提议看上去总是让其他部门多干活，而你们部门少干活，对方肯定不能接受你这样的提议。

我们应该如何正确地说话，才能让别人认可我们的建议呢？

《哈佛商学院最受欢迎的领导课》中有这样一句话：向他人传达出你真正相信和珍视的价值。这个价值就是你一直为之奋斗、从一而终坚持的信念，就是“不忘初心，方得始终”的使命感。为什么你说的话不容易被对方认可？就是因为你没有传递出这样的价值。你可能会问了，这个价值是什么呢？这个价值就是你与对方共同拥有的、双方共同认可的价值，也就是共同价值。

社会有社会的共同价值，如博爱、文明、勇敢、诚实等；职场有职场的共同价值，如企业愿景、目标、文化等；每个好产品也有做好产品的理念和共同价值，如工匠精神、造福人类等；就连我们的小家庭、夫妻之间也有共同价值，如创造幸福的生活。所以，你所表达的价值，一定要与对方追求的价值一致。当你的意见和要求能满足双方的共同价值时，你就能得到认可和支持，当你的意见和要求偏离了共同价值，就很难被对方肯定。

比如，你所在的公司是一家电影公司，你们的企业愿景是用工匠精神打造优质的电影作品。公司上下，老板和员工的共同目标就是打造高质量的电影作品，把奥斯卡级别的电影当作标杆。你们制作的电影，不管是文艺片、商业片，还是特效片，都要求是高质量的。你们的工作方向也一定是围绕如何制作高品质的电影展开，符合产出高质量电影的工作方法、工作建议才能够被采纳。相反地，如果你的建议是提高电影的年产量，也就是 1 年内多生产几部电影，那就偏离了公司的共同价值，因为高质量的电影必然制作周期长，而在有限的时间内提高电影制作数量，电影的品质必然会受到影响，你这样的建议就容易使工作偏离航向，对方也就不会采纳你的建议。所以想要你的建议被对方肯定，你就需要保证，你提出的建议要与对方追求的价值一致。

如何提建议和要求，才能与对方保持共同价值，而不被排斥呢？可以用这个三个方法：用第三方说话、用案例或经验说话、用数据说话。

用第三方说话

这个方法的核心在于法官机制，什么叫作法官机制呢?就是在“你我他”的对话关系中，“他”更能体现中立和客观。就像你给客户分析行业前景，展示一些行业发展数据时，你提供的数据会让客户觉得不准确、不客观，因为客户会觉得，你们自己提供的数据有“造假”的嫌疑。你如果用官方数据，如权威部门发布的数据，这个“第三方”数据就显得更加真实可靠，因为“第三方”是公正、客观的，跟你们之间没有利益关系，用第三方说话，会显得你的建议更加客观、权威，也就容易得到别人的认可。比如，直接拿用户的负面评价的截图给对方看，就比你直接说“我们应该提升用户服务品质”更有冲击力。让对方通过第三方的真实反馈自己分析，得出应该提升用户服务品质的结论。

之前我团队的小伙伴就是用第三方说话说服我开设短视频号的。他们直接拿着头部主播的视频让我看，告诉我这样的视频拍摄首先不会占用我太多的时间，其次能收到很好的效果，以视频的方式可以更立体、全面地展现我的生活和观点，扩大影响力。用头部主播的视频作为第三方，给我一个直观的效果展示，他们用这样的方式让我欣然接受了拍摄短视频的建议。

用案例或经验说话

这个方法的核心就是，突出现有的案例，增强说服力。比如，优秀的合作者、优秀的方案、优秀的效果等。

首先，如果你的意见不被支持，可以借用别人的成功案例来进行说明。你可以说："我目前提出的方案 ×× 团队曾经采用过，并且这个方案帮助他们在短短 3 个月的时间内成功引流，实现了流量翻倍增长。以我们现在的资源和能力，一样可以做到。这个方案的负责人刚好我也认识，如果您觉得方案可行，我可以约他来详细谈一谈。"

其次，你可以把自己过去成功的案例搬出来，加强对方对你个人能力的认可。比如，我在开拓线上课程业务的时候，会把我之前的成功案例分享给各个平台。我在网络视频平台分享自己的演讲技巧，短短 1 年时间就做到了 7 亿的播放量；我在线下也举办过很多场演讲，几乎场场爆满，学员好评率极高。基于我过去分享演讲技巧的成功，我相信如果我总结出一套关于演讲的系统课程，会有一定的销量保证，也能够让更多之前没有听过我演讲课程的人受益。我的成功经验正是我在谈判中的加分项，会让合作者更加认可和肯定我的能力。

用数据说话

这个方法的核心要求是，你要有对比 + 效果的展示，用具象的数字说服对方。职场是以结果为导向的，数据最能直观地表达结果，所以数据非常重要。比如，“这是一本畅销书”与“这是一本畅销 150 万册的书”相对比，你觉得对方会认为哪个更畅销？是不是有具体数字的更具象，更有说服力？

> 比如，你要给甲方汇报网站改版后的效果，如果你直接说：“经过这次改版，我们的整体成交量增加了 35%。”甲方可能不明白这个数据到底怎么来的，是多还是少，也就无法对你的说法给予肯定。
>
> 你可以先收集改版前和改版后的数据进行对比，然后说：“经过我们这一轮的改版，效果有明显的提升。具体来说就是网站从访客总量到意向客户量，再到成交客户量，都逐步得到了提高。具体数据如下：第一，改版前的浏览量是 ××，改版后的浏览量是 ××，提升了 50%，这说明我们

的用户数量提高了50%；第二，改版前的客户咨询量是××，改版后的客户咨询量达到了××，提升了40%，这说明我们的意向用户数量也增加了40%；第三，改版前的成交量是××，改版后的成交量是××，成交量提升了35%，这说明在改版后，整体成交量增加了35%。”

你这么汇报，是不是就让甲方一目了然？网站改版带来了哪些具体的效果，成交量的提高是怎么来的，都非常清晰了，你的说法得到肯定的概率就大大增加了。

我们都知道，即使是金玉良言，也需要有精美的包装。在职场沟通中，很多情况下你的建议和意见可能都是非常实用的，为什么没有获得认可和支持？只是因为你的表达不恰当，表达方法有待提升。所以，正确使用“用第三方说话”“用案例或经验说话”“用数据说话”的方式，巧妙而合理地提意见和建议，不仅能维护良好的同事关系，还能提升你的职场说服力和话语权，帮助你快速实现职场晋升。

沟通小锦囊

- 为什么你的意见总是不被别人认可或支持？你有没有思考过这样几个问题：第一个问题，你的行为与言谈是否一致？第二个问题，当你压力很大的时候，你的反应是什么？第三个问题，你的建议或者方案的出发点是利己还是利他？

- 如何提建议和要求才能与对方保持共同价值，而不被排斥呢？可以用这三个方法：用第三方说话、用案例或经验说话、用数据说话。

22

多用“能动性话语”，打破沟通僵局

你可以设想这样一个场景：

沙漠里有两个人，极度口渴，他们都只剩下半瓶水了。第一个人说：“怎么办？我只剩下半瓶水了，再走不出去我就渴死了。”而第二个人说：“还好，我还有半瓶水，可以支撑我走出沙漠。”你觉得这两个人，哪个人走出沙漠的概率更大呢？

答案很简单，是第二个人。在面对困难时，第一个人被动接受现状，而第二个人主动改变现状，把现实中的困难变成了动力，所以他成功的概率就大。

那么，在我们的职场沟通中也是这样，沟通困难或者沟通陷入僵局时，你是被动地接受现状还是主动改变现状？

比如，工作中出现了问题，你的第一反应是“做成这样都是别人的错”，还是积极地思考如何解决？

老板要求的业绩没达到，你会说“我只有这些资源，我能怎么办”，还是会思考如何达成目标？

经常加班，也没拿到加班费，你会在心里暗自埋怨老板，还是会主动开口跟老板聊聊？

如果你总是选择以“被动接受”的方式说话或处理问题，你得到的结果往往也是消极、负面的。如果你能积极主动地去说话、思考问题，事情就会朝着好的、对我们有利的方向发展。在沟通中，我建议你多用“能动性话语”打破沟通僵局。

一般来说，我们在与他人的沟通过程中，常常会使用两种说话方式，第一种方式是被动性话语，第二种方式是能动性话语。这两种说话方式有什么区别，会获得怎样的结果呢？我们来分析一下：

首先说被动性话语。顾名思义，“被动性话语”就是你把主动权交给了对方，而自己被动地等待结果。就像刚才我提到的场景一样，当老板对你提出要求的时候，你总是习惯用被动、消极的说话方式去处理问题，先把困难提出来抛给对方，如“资源有限”“预算不足”“团队不给力”等。自己不去想解决办法，而是被动地等待事情的结果。陷入这种被动状态中，你会发现，一个问题还没解决，另一个问题又来了。慢慢地，恶性循环，你的工作结果就总是不尽如人意。

其次是能动性话语。能动性话语就是把主动权掌握在自己手里，不猜测“结果是什么”，而是引导“结果怎么做”。

古希腊伟大的哲学家苏格拉底就有这样一套经典的谈话方式，叫作问答法。他认为当我们在谈话中与他人产生分歧的时候，要善于用提问的方式引导对方，弄清对方的思路，使自己在这个过程中发现真理。也就是通过你一步步的引导，使对方顺着你的思路进行思考，从而让谈话朝着对你有利的方向发展。

比如，老板对你的业绩不满意，你可以用“能动性话语”把主动权拉回自己这边：你可以具体问他希望达到的目标是什么；给他展示为了达到目前的工作效果，你都做了哪些工作；如果要提高业绩，还需要在哪些方面加强，并且还需要多长的时间才可以完成。

你还可以把工作一项一项列出来，分析给他听，在你提问他回答的过程中，慢慢让他顺着你的思路进行思考，分析项目的可行性，把一个对业绩不满意的话题，变成一个如何提高业绩的话题，这样你的工作是不是就能顺利很多？你跟老板之间也不再是命令和从属的关系，而是协商、共同达成目标的关系。这样一来，老板就能理解并认可你的工作能力，你也会更容易达到老板的预期，这就是用“能动性话语”沟通的魅力。

好了，现在你已经了解了，沟通中经常使用“被动性话语”会让你的沟通陷入僵局，而用“能动性话语”可以争取谈话的主动权，打破沟通中的僵局。那么，想运用好“能动性话语”有没有什么具体的方法呢？有三个方法，可以让你轻松地学会用“能动性话语”的表达方式去解决问题。这三个方法分别是积极的心态、关键词提问和假设性提问。

积极的心态

积极的心态是启动“能动性话语”的钥匙。为什么我们经常会陷入“被动性话语”中？就是因为“阴谋论”的负面心理在作祟。“阴谋论”常常是失败或者受挫的根源，也就是说当你遇到一件事情时，你认为它是消极的，事情的结果往往就是负面的。这种“阴谋论”其实是一种负面的心理暗示。

心理学家曾经做过一个实验，让一组人爬12层楼，另一组人爬6层楼，明显爬12层楼的人比爬6层楼的人坚持的时间更长。原因就是当你爬12层楼的时候，你就会给自己暗示一个目标，当你爬到6楼已经很累的时候，你也会暗示自己，才爬了一半的路，再坚持坚持；而爬6层楼的人，心理暗示的目标就会降低，累得也更快。也就是说，如果你经常给自己“总有刁民想害朕”的负面心理暗示，你做事情的态度就会很消极，而如果你经常给自己正面的心理暗示，你做事的态度就会很积极。

比如，同样是面对一个“新项目”，如果你秉持消极的心态，你说的话就很容易形成“被动性话语”，你就会说：“怎么又来新活了？我就拿这么点工资，还要做这么多事情，好烦人啊！”你会发现在职场中，通常有这样想法的人，他的职业道路就受限很大，因为他的格局太小了，对不对？

如果你秉持积极的心态，你就会启动“能动性话语”，你就会说：“太好了，终于又有新项目了，我又可以发挥自己的能力去突破自己、证明自己了。”往往有这样心态的人，未来的职场发展空间就很大，老板肯定愿意把大项目、重要的项目交给他做，他成功的概率就更大。

你可能会有这样的困惑：我现在说话办事已经养成消极的习惯了，怎么办？当你感到不快乐或者不积极的时候，唯一的办法就是尽量从行动上表现出你很快乐，你很积极，因为行动可以间接影响你的感觉，而你的感觉又可以间接对你形成心理暗示。慢慢地，你就从行动上的快乐、积极，变成发自内心的快乐、积极，你说话的方式，也就从“被动性话语”变为“能动性话语”了。

关键词提问

当你与对方的沟通僵持不下，或者沟通不顺畅的时候，你不清楚对方的想法，对方也不明白你的思路，你如何去打破这种僵局，让沟通顺利进行并达成一致？这时候，你需要提前整理出项目信息中的关键内容，通过主动发问的方式，争取谈话的主动权，这就是关键词提问。关键词提问问得越具体越好，因为你与对方聊得越具体，越深入，证明你们的沟通也就越顺畅，这样你就很容易化不利为有利。

比如说，你经常加班，工作很努力，怎么跟老板争取涨薪？

既然老板没给你涨薪，肯定是有这两方面的因素：第一，他没看到你的能力；第二，他根本就不知道你有涨薪的需求。

你这时候就要利用“关键词提问”这个方法了，你整理一下需要跟老板谈的重点内容，然后主动去找他。你可以说：“老板，我在公司工作2年了，我认为自己工作还是挺努力的，经常加班，工作任务也都按时完成了，但是我还想听听您怎么看待我的工作。第一，能力上，是否需要提高；第二，人际关系上，还有哪些方面需要改善；第三，业绩上，您对我的业绩目标还有哪些期待？”诸如此类，你都一一列出来跟他谈，最后，你还可以说：“刚才的那些问题如果都没有，我经常加班，也很努力，可不可以申请涨薪？或者给我一个目标，达到后可以安排涨薪？”

所以你看，你用这种关键词提问的方式主动沟通，涨薪的事情是不是就有眉目了？很可能老板马上就同意给你涨薪，即使没涨，你也有目标了，对不对？所以遇到问题一定要学会主动沟通，千万不要自己胡思乱想，用消极被动的方式处理问题。

假设性提问

有的时候，我们与对方的沟通无法继续进行，比如，谈判陷入僵局，无法决出到底是你退一步，还是我退一步，这个时候，你可以用假设性提问的方式来打破这种僵局。

假设性提问就是先给出条件，如果怎么样，或者条件是什么，会怎么样，你要先把预设的假设性的条件表达出来。

比如，我发现团队最近业绩不好，团队小伙伴的情绪比较低落，我要怎样调动团队的情绪呢？我想，我找他们训话，作用肯定不大，我就可以用假设性提问的方式来鼓励他们。我说："如果你们能够做到这个结果，我会请你们这个部门的几个小伙伴去五星级酒店共进烛光晚餐。"我这样一说，小伙伴们都好激动，对不对？所以，我把条件放在前面讲，说明如果达到了他们就可以获得什么，这样做的效果就是可以激发他们的工作潜能，他们一天的工作状态就很有激情了。

所以，你也可以像我这样，利用"假设性提问"这个方法。比如，你跟老板谈一件事情，老板不支持你，你就可以用这个方法去说。

你可以说："老板，这件事如果我可以把成本控制到最低，你给我 2 个月的时间看效果，如果盈利达到了多少，我们再谈这件事的具体操作和实施；如果效果不好，我们马上停止。请您给我一段时间去尝试，您看这样可以吗？”

像这样先把条件提出来，再把会发生的情况表达清楚，你就很容易打破沟通的僵局，事情就会向更好的方向发展。

沟通小锦囊

- 沟通中经常使用“被动性话语”会让你的沟通陷入僵局，而“能动性话语”可以争取谈话的主动权。

- 想运用好“能动性话语”有三个方法，分别是：积极的心态、关键词提问和假设性提问。

- 当你感到不快乐或者不积极的时候，唯一的办法就是尽量从行动上表现出你很快乐，你很积极。因为行动可以间接影响你的感觉，而你的感觉又可以间接对你形成心理暗示。

23

修饰“批评”方式，难听的话也能收获正反馈

在职场中，这样的沟通场景仿佛司空见惯，比如：

领导对你说：“你这报告写的是什么啊？回去重写……”

你对下属说：“这个月的运营数据太差了，你没什么要说的吗？”

其他部门的同事对你说：“这事是谁让你这么做的？”

在工作中，我们经常习惯性地用“批评”的方式来进行沟通，好像我们不说难听话，不能一针见血地指出对方的错误，对方就不能很好地领会我们的意思似的。你不是经常被

别人批评，就是同样批评过其他人。这样的沟通方式往往让我们焦虑、烦躁不安，慢慢地就会对工作产生越来越强的抵触心理，遇到一点小事、挫折就容易“一点就着”，很难心平气和地去沟通问题。

但是，你也不难发现，身边总有一些“聪明人”，他们口中的“批评”就没有那么多负面的情绪，而是积极的、正向的建议，你也格外愿意跟他们交流沟通，他们是怎么做到的呢？

古人有云，良言一句三冬暖，恶语伤人六月寒。同样的一句话，你的表达方式不同，收到的效果也会截然不同。你会发现这样一个现象：当你批评别人的时候，你指出他一条错误，对方可能有十条理由在等着你，这是为什么呢？心理学家通过研究发现，人本能地希望受到家人、朋友、社会的认可，这是自我认同在起作用。当你批评别人的时候，你等于是在否定他所相信的事物。一旦自我认同感被否定，人就会焦虑，感觉自尊心受到伤害，就会本能地拒绝接受对方的批评。所以说，你要想指出对方的错误，首先就要以尊重对方为基础，在不伤害对方自尊心的前提下去沟通事情，这样才能收到很好的效果。反之，你无所顾忌地批评别人，伤害别人的自尊心，别人也会以同样的方式回报给你，沟通效果自然是非常糟糕的。

人的本性是希望被鼓励，被期待，被认可，而批评的意义并不是告诉对方他怎么错了，而是告诉他，怎么做才对。

所以，我告诉你一个修饰“批评”的表达公式，这个公式是1T3S法，T代表时机，三个S分别代表场合、立场和情绪。

批评的时机

1T3S法中的T，代表英文单词Timing，意思是时机，也就是要衡量你的沟通时机是否是最好的时段。

> 比如，很多公司都是每周一或者周五开例会，开例会就是汇报工作。各部门统一思想，协调步调，汇报工作进度，沟通遇到了哪些困难，怎么解决，等等。这个时候，大家都是在集中精力谈工作的各项事宜，沟通效率会很高，如果换个时机呢？比如，换成团建的时候。你想想，这个时候你跟某个部门的同事或者领导谈工作，是不是非常不合时宜？大家在玩乐、竞赛，心思根本没有用在工作上。你这个时候跟对方聊工作，一是会引起对方的反感，二是对方本身没有处在工作的状态中，不可能给你提供最佳的

建议，在这样的场景下沟通工作，其实是无效的。所以说，选对沟通时机非常重要。

批评的场合

1T3S 法中的第一个 S，就是 Scene，场合，也就是我们要注意说话时的场合，如工作时、午休中、通勤中等等。你需要在对的场合说对的话。举个简单的例子，你早晨需要跟客户沟通一件重要的事情，如果你选择在他通勤的时候给他打电话，很大概率是会失败的。因为对方在上班的路上，手机信号、交通状况、嘈杂的环境都是影响你们沟通的外界因素，并且对方还没有上班，没有进入工作状态，这个时候你跟对方沟通工作上的事情，场合就是错误的，当然效果也会大打折扣。

在职场上，有一种批评方式很常见——“公开处刑”，这种批评方式效果怎么样呢？

我就有一个朋友，那天他跟我说：“婉琴，我现在的这个领导很难相处，他经常当着别人的面对我发火，搞得我很没面子，下不来台，我真的不想再跟他沟通任何事情了。”原来，他的领导总是不分场合，当着下属或者其他部门负责人的面对他发脾气，他被领导以这种方式批评后，一点工作热情也没有了，更别说解决问题、提高业绩了。那么，正确的批评方法应该是怎样的呢？

假如你是领导，你发现某个下属出现了问题，你应该做的是单独把他叫到办公室来，私下跟他沟通问题。因为，当你想批评一个人的时候，你的第一个念头就应该是尊重对方，你要考虑到他的感受，尤其当对方是某个部门的负责人的时候。他有下属，需要在下属面前保持威信；他有同级的同事，他需要在同事面前保留面子。千万不能当着他的下属或者同级人的面指责他，你可以私下跟他说："最近我发现你的状态不是特别好，你是不是遇到什么困难了？可以跟我聊聊，我会尽可能地帮助你。"你可以用这种关心的问话作为切入点，切入工作当中，再跟他探讨现在遇到的问题及解决方案，让他觉得你并不是在责怪他，相反，你是在关心他，帮助他，让他认识到自己的问题所在，主动思考如何去积极地解决。

有些时候，私下的场合更有利于对方放下负担，畅所欲言。要根据所处的环境，选择合适的场合再开口，千万不能不分场合随便说话，那样做，你只会让事情变得更加不好处理。

这就是我们所说的 Scene，场合。

批评的立场

1T3S 法中的第二个 S，就是 Standpoint，立场，也就是你与对方的立场关系，如主管、下属、亲友、情侣、初次见面的人、合作者等。你与对方的立场关系不同，说话方式要有所改变。

假设有这样一种情况，你的领导出现了工作失误，你要如何处理才妥当呢？

如果你直接说："这件事没有完成，我也没有办法，是咱们开会决定的。"你就很明显在怪你的主管决策失误，而你没有任何责任，你的主管肯定也会很生气，这件事就无法很好地处理了。这时候，你可以采用我教你的方法，叫作"预案先行"，怎么表达呢？

你可以说："领导，上次咱们开会讨论的方案，我们执行下去发现结果不太令人满意。我发现某些地方可能存在问题，我梳理了两个解决方案，您看一看用哪个更好，然后我们尽快执行。"你看，你这样表达，你的主管是不是就能很好地接受你的建议了？他也明白之前的决策是有问题的，但是你很有心，不仅及时发现了问题，还给出了解决方案，你这样说话，这样办事，他肯定是非常满意的。

所以，你对主管要怎么"批评"呢？就是"预案先行"。

再假设一种情况，你的下属工作出现失误了，你又要怎么处理？如果你上来就劈头盖脸一顿骂，你的下属心情不会好，直接影响就是工作也不会干好，你再继续骂他，恶性循环下去，这样肯定不行。

我教你一个方法，用“虽好但坏”的方法去表达，你可以这样说：“这个月的运营工作我看你做得很认真，也很辛苦，但是数据并没有太大的提升，我想可能是咱们的方向需要调整。如果方向错了，大家再辛苦也是白费，你回去梳理一下内容，咱们再开会讨论，争取让数据有提升，但是大家也别干得太累，你觉得呢？”你这样说只是针对工作并没有针对他的意思，你的下属接受起来也不会有很大的情绪，你对他的指导就会很有效，工作推进的速度也会更快。

这就是我们说的Standpoint，立场。根据不同的立场关系，你说话的方式一定是要有变化的。

批评的情绪

最后一个S，是Sentiment，情绪，就是你要判断对方是处在哪种情绪下，是生气、开心还是烦恼？这种情况其实是我们面对同级及以上关系时遇到的较多。比如，遇到领导因为工作问题而发脾气，你要如何做才能避免“火上浇油”？

这点我其实特别感同身受，因为我以前也是个脾气非常不好的人，我很能理解领导的一些想法，他可能真的很着急，想公司的业务有起色，希望各部门的工作都能做得更好一些。如果你的领导就跟你发脾气了，你要怎么面对这样很直接的“批评”？

我给你的建议是，你先做个聆听者，他说什么你先听完，不要着急反驳他或者急于去解释，因为这个时候，你越解释，就越像找借口，他就会越生气。你先听他说完，让他把情绪先宣泄掉，等他说完了，慢慢平复下来，冷静下来了，你再跟他好好谈。最忌讳的就是，你在他发火的时候去点那个火。

职场中，我们要学会避开情绪的焦点，等对方冷静下来，换个话题，从其他的角度去谈这件事，这时双方的情绪都是理性的，沟通起来才会顺利。不妨试试看，掌握对方的情绪，根据对方情绪的不同，调整说话的方式，这样你与对方的沟通才会游刃有余。

沟通小锦囊

- 人的本性是希望被鼓励，被期待，被认可，而批评的意义并不是告诉对方他怎么错了，而是告诉他，怎么做才对。

- 修饰“批评”的表达公式：1T3S 法。T 代表时机，三个 S 分别代表场合、立场和情绪。

PART

5

把控公众表达，引爆社交影响力

24

从三个心理维度突破你的公众表达障碍

马克·吐温说，这个世界上只有两种演讲人，紧张的和假装不紧张的。所以，如果你在公众面前表达时出现紧张的情况，这是非常正常的。紧张并非坏事，这证明我们对现场的人极为重视，对不对？我的很多学员跟我说，为了缓解上台的紧张，自己尝试了很多方法，比如，在上台之前多做几个深呼吸，让心态放轻松，提前把演讲稿背熟，形成肌肉记忆，多做一些有挑战性的事情，来提升自己的抗压能力……

一个学员告诉我，他每次上台的时候都特别紧张，有前辈告诉他说："你就把台下的人当成小白菜，反复告诉自己：这些人都是小白菜。"结果上台后，他发现这些小白菜都有眼睛。由此可见，我们恐惧的往往不是人，而是那么多看我们的眼睛。

在我看来，以上这些都是治标不治本的方法。要从根本上解决问题，首先我们要弄清楚，人在面对公众表达时为什么会紧张。

其实，紧张是我们面临危险时身体自动启动的一种应激反应。想象一下，一个人站在舞台上，被台下几十、几百个人盯着，他的好与不好，都要受到这些人的审视，他的生理和心理都会自动进入面临危险的应激状态。所以，想克服紧张，不是简单解除生理上的问题就能解决的，核心是要解除对于危机的认知，从心理的维度破除公众表达的障碍。

你可能会有这样的疑惑，既然面对公众表达时紧张是正常的生理现象，为什么有的人可以克服，而有的人就无法克服呢？这和每个人的生长环境、性格、经历有很大的关系。你会发现，即使是一起长大的亲兄弟，他们吃住在一起，上一样的学校，性格也会截然不同，一个爱说话，一个不爱说话。这很有可能是父母教育的关系，比如，常常教育哥哥要照顾好弟弟，哥哥从小被赋予责任感，自然说话、做事都更果断，有自信，弟弟就相对不独立，容易依赖别人。

我们每个人都有与众不同的经历，我们在面对公众表达的时候，引发紧张的原因自然也就不同。我大致总结为三个原因。第一个原因是从小被打击。比如，我们上学的时候，都有在课堂上答错问题的经历，或者当众演讲失败的经历，这些经历，都有可能深深地印在我们的脑海里，成为我们现在面对公众表达时紧张的原因——你总认为自己会出错。

第二个原因是陌生感，也就是你对观众、环境不熟悉。如果你很久没有演讲了，或者很久没有当着很多人的面说话，越不熟悉你就会越抗拒，越抗拒你就会越不熟悉，我们常说的“熟能生巧”就是这个道理。

第三个原因是缺少表达的内容。你的材料、知识准备得不够充分，会导致你面对突发状况时一脸蒙，无从下手。林肯曾说：“即使是再有实力的人，如果没有精心准备，也无法说出有系统、高水平的话来。”

以上三个原因都会成为你面对公众表达的障碍，了解了这些会让自己紧张的原因，接下来就好办了，知道了自己的问题，去解决它就可以了。接下来我教大家三个方法，让你们克服紧张，突破公众表达的障碍。

第一个方法是“我能行”策略，第二个方法是熟悉感策略，第三个方法是内容库策略。

“我能行”策略

心理学家的研究表明，我们每个人身上都有不同程度的自卑、怯懦心理，但是为什么有的人表现得明显，而有的人表现得不明显，甚至看不到呢？其实，这都和心理暗示有关。你会发现，一个自信的人，他的人生“字典”里没有自卑这个词。也就是说，你不是真的能力不行，而是你认为自己不行。所以，你要做的就是不断增强心理韧性，不断心理暗示“我能行”。

当你没有自信、胆怯的时候，你就无法说服别人。比如，你不敢跟客户说话，你就拿不下来这个订单。如何让自信回归？首先你要把负面的心理暗示都赶走，比如，“我说错了怎么办”“我这样说会不会被嘲笑”“对方比我水平高”等。不要想这些负面的东西，要转变心态，将心理暗示转变为“我是在帮助对方”，虽然对方是你的客户，但是你给他提供更好的产品或者解决方案，帮助他获得更大的成功。你这样思考问题，心态马上就会不一样，当你心态转变的时候，自信就会回归。有了自信，你才能胸有成竹地去表达自己的想法，你的话语中才能充满激情，对方才能感受到你说话的力量，才能接受你的建议。

熟悉感策略

刚才我说过，当你对你的听众、对说话的环境不熟悉时，你就会不自信，不自信就不能当众侃侃而谈，怎么办呢？要怎么熟悉呢？

我教你一个 3W 法则，每次在演讲或者说话之前都需要问自己三个问题，也就是 3W 法则，3W 法则包括 Who，Why，What 这三个层面的内容。

Who：讲给谁听？他们关心什么？想获得什么？

Why：我为什么讲？

What：我讲什么内容，才能让听众有所收获？

问完自己这三个问题，感觉演讲稿没有问题了，就开始全程彩排。你要把需要讲的内容、讲的方式，像流程一样走一遍，熟悉一遍，从登台上场的姿势、眼神、步速到灯光、翻页笔、PPT 和下场姿势，这些细节都要了然于心。

最重要的是，你要保留自己的表达，不管别人的演讲多么成功，别人的说话方式多么有魅力，你始终是你自己，独一无二的自己。你如果有自己习惯的口语化表达，就保留好，继续使用。这样做有两种好处：一是你对自己的说话方式更熟悉，更有利于发挥；二是这是你自己的独特魅力，可以让别人第一时间记住你。

首先，运用3W法则。举个例子，相信你一定看过乔布斯的演讲，成功的演讲背后是什么逻辑呢？还是离不开3W法则。比如，他讲一个超薄笔记本，Who，讲给谁听？他们关心什么？他们是苹果品牌的粉丝、厂商，是需要使用苹果品牌产品工作的商务人士、职场白领、成功人士。他们需要更轻薄的笔记本，便于外出携带、办公使用。Why，为什么讲？目的是告诉大家新产品的优势，选择这款产品的原因。What，讲什么内容，才能让听众有所收获？既然是超薄笔记本，亮点就在于，同等配置的前提下，这个笔记本更薄，有多薄呢？乔布斯是这样做的，他拿出来一个信封，他将这台超薄笔记本放在信封里，然后抽出来给观众看，"薄"的概念就会牢牢印在大家心里。

其次是彩排，你要知道在每一次苹果产品发布会前，乔布斯都会投入大量的时间，彩排数周，进行精心的练习，将演讲的每个细节都考虑周全。这也是为什么你在他的演讲中能够看到他的口头表述与大屏幕的演示是那么精准同步。美国苹果公司的前CEO曾说："史蒂夫对每句话、每一步、每个细节都反复推敲，看似天赋异禀的演讲，其实是他花费了很大的精力来完善自己。"

最后是风格，你会发现，乔布斯有他特有的语言习惯，比如，他喜欢用“非比寻常”“精湛”“酷”这样的词来形容自己的产品，你也可以保留自己语言风格中的个性和特点，形成自己特有的风格。

内容库策略

内容库策略就是构建通用内容。大多数人对自己讲的内容不确定、不自信，就是来源于不知道自己讲的内容对别人是否有帮助，所以这时候，就需要建立自己的内容库，来丰富内容。构建内容库包含三个层面的要素，分别是多练积累内容；提前准备通用内容；突发情况的内容储备，比如，忘词、互动、临时上场等，面对突发状况如何应对。

飞行员怎么敢飞上高高的天空，怎么克服心中恐惧，临危不惧的呢？其实，他们也是跟我们一样的普通人，他们想要达到目标，也需要不断地训练。为什么要训练？就是积累他们的“内容库”，把飞到高空可能遇到的情况、问题全部熟悉并掌握，做到心中有数。我们与人讲话也是一样，你也需要给自己建立一套谈话的内容机制。

比如，你需要向客户讲提案，当着很多人的面讲你产品的优势，你要如何让人觉得你的表达很流畅？

首先，你得多积累内容，你要广泛收集资料，并对你要说的主题进行深入细致的思考。平时你还需要多积累你所在行业的案例，有些东西平时看似不重要，但你都记录下来会发现，在关键时刻可以派上大用场。“不积跬步，无以至千里”，不要小看积累，你现在的一小步，就是将来的一大步。

其次，你需要提前准备通用内容，比如，你还要了解一些行业性的数据、趋势、动向及国家的政策、时事性的内容。你所讲的内容并不是独立存在的，而是与时俱进的，这样的讲话方式更利于被对方认可和接受。

最后，是突发情况的内容储备。忘词了怎么办？你可以先微笑着，停顿几秒钟，稳定情绪，回忆一下，如果你感觉自己还是想不起来，可以随机应变，插入一个互动话题。比如，问问大家的想法，缓解一下气氛，在大家交流的时候，重新梳理内容，重新开始，这样就能保证表达的流畅性。

综上，在面对公众表达时，紧张是正常的生理现象，想要克服紧张，真正做到不紧张，我们就需要找到造成紧张的原因，并在心理和认知上克服它。

沟通小锦囊

- 沟通中，当你心态转变的时候，自信就会回归。有了自信，你才能胸有成竹地去表达自己的想法，你的话语中才能充满激情，对方才能感受到你说话的力量，才能接受你的建议。

- 三个方法，能让你克服紧张，突破面对公众表达的障碍。第一个方法是“我能行”策略，第二个方法是熟悉感策略，第三个方法是内容库策略。

25

把握开场 60 秒，迅速成为全场焦点

由于焦点效应，人们总会高估周围人对自己的关注，这说明人在潜意识中是期待被他人关注的。但是，当你表达时，别人有没有在听你说话？有没有在围绕你的话题进行讨论？有没有人对你的表达感兴趣？或者有没有人觉得你很有特点？很多人会因为没有人在意而失落，有的人甚至会因为自己说话时有人离场或者走来走去而紧张。那么，如何才能让自己的表达成为核心、让自己成为全场的焦点呢？

我的观点是，一定要记住如何在你没开口说话时就征服全场，这非常重要。你“像什么”比“是什么”更重要！

先让你的服装开口

你们如果看过我的抖音视频，甚至在线下见过我，就会发现，我所有的衣服都还蛮有特色的。只要是我上舞台穿的衣服，一定是能让全场都看到我的存在的衣服。我平时线下培训时穿的都是那种带着斗篷、设计感非常强的衣服。我进会场的时候，经常门一打开，我一露面就已经全场惊叹了。后来我经常问大家，我说：“你们看到在台上的我，到底是觉得我好看，还是觉得衣服好看？”一般有情商的学员都会回答都好看，是不是？

但是我知道，其实我的衣服给我增加了非常多的气场，如果你也要去做一些分享，要在正式的场合讲话，你一定要懂得选什么样的衣服能让你迅速成为全场的焦点。这就是第0印象，在很多人还没有正式听到你的谈吐表达时就留下来的印象，也就是第一印象前的印象。

我记得有一次我去参加亚洲八大名师的论坛，那一场是亚洲八大名师的颁奖典礼，颁奖现场只有我一个是女老师，其他全都是男性讲师。那天我选择了什么样的出场服饰呢？第一，我选择了一套全红色的衣服；第二，我戴了一条闪闪发光的项链，真的非常闪亮。为什么我要这样穿？因为：第一，会场还是挺大的，人非常容易被埋没；第二，那么多男老师，他们一般都会穿深色西装；第三，我是女老师，上场穿红色，颜色波长最长，非常容易被别人看见。所以，在我上场举手打招呼，说话之前，别人已经能够感受到我身上的魅力了。首先观众对我印象深刻，等会儿到我发言时，就不那么陌生，就会觉得“是这个人啊，想听她讲些什么”。所以，服装是你开口之前就可以让你成为焦点的重要法宝。

如果你们想知道服装怎么能成为焦点，有机会可以去搜一下“柳婉琴教演讲”这个抖音账号，看看我的衣服，你就会知道我的每一套服装都非常有设计感，很花心思。当然，这不是要求大家一定要穿得像我一样，但你至少要穿得像你所讲的行业，如果你是讲美的行业，可你穿起来一点都不美，你是讲减肥产品的，可你穿得一点都没有突出身材，显然都是不合适的。当然，如果你是讲科技产品的，穿得像乔布斯一样是可以的，黑色套头衫加上牛仔裤就行啦。要记住，只要是符合你行业特性的穿着，就没有问题。

最怕的事情是，你穿得根本不像你所从事的行业，这就没有办法快速吸引对方的注意力了。这就是我讲的第一点——服装，你还没有开口，服装就能给你带来巨大的气场。

让你的手势、动作开口

你的手势、动作也非常重要。有些学员上台连手都不知道往哪儿放，有的放在口袋里，有的背在背后或者叉在腰间。这些方式都无助于你成为全场的焦点。最好的方式是把你的肢体动作打开，然后人要敞开。你越打开肢体，你的气场能量越会出来，别人也会更加愿意听你讲。

实验证明，55%的信息是由肢体语言表达出来的。所以我们要练习肢体动作的表达能力，这一点可以参考我过去的演讲视频，看看我的手势、我的动作是怎么表达信息的，手都放在了哪些位置。你可以对着镜子看，或者将自己的演讲视频录下来看，对照下我们的差异在哪里，你就能明白了。

接下来，你全身上下的所有动作都要协调。我简单教给你一个练习手势语言的方法，你可以按照我的动作试试看。当讲到关于人生的话题时，比如说，你拿着麦克风说：人生很长，切莫抱怨，敞开心扉，用爱交流，每天进步一点点，你也可以成为下一个超级演说家。

这个动作大家可以回去练习一下，我们平时说话的时候就是围绕着这些起起落落的观点和情绪。学会这些动作会让你气场全开。一个人的气场来自眼神、肢体动作、服装等外在的直接表达，一样都少不了，少了一样就会给自己的表

达减分。掌握了优雅的肢体动作，你才能快速成为全场的焦点。

60 秒自我介绍

接下来是开场白，如何通过一个 60 秒钟的自我介绍，快速抓住别人对我们的注意力呢？

我的建议是，在 60 秒的自我介绍里，一定要抓自己的人格特点，一定要抓自己身上跟别人不一样的特点，不要让自我介绍平平无奇。

比如说，上台以后，我这么做自我介绍："大家好。我叫柳婉琴，从事女性教育培训行业。"很多人觉得光说名字还不够，要展开讲讲，然后我就说我名字中每个字的意义，我爸爸为什么给我起这个名字，或者妈妈为什么给我起这个名字，这名字又怎么样。其实，这些真的不重要，一点都不重要，并不需要讲。除非这个内容为你后面的演讲做了非常重要的铺垫，对你的演讲有重大帮助，要不然就是浪费时间。因为在 60 秒的黄金时间里让别人对你感兴趣，才是最重要的。

我应该这样自我介绍："大家好，我叫柳婉琴，我从事女性教育培训行业。"然后我要讲有记忆点的内容。"在我从事女性教育培训行业的 4 年时间里，我们邀请了十几位大咖来过这个平台，包括董明珠、刘晓静、杨澜等。在这 4 年里，我拥有了 7 亿的全网视频播放量，还拥有了近 400 万粉丝，有上百万的学生听过我的课。"

听完后，你多多少少会觉得"这个人还挺厉害的"。这就是效果，我用数据直接讲出我人生获得的成就。"我的目标是打造女性创业生态圈，服务全球女性创业者，帮助大家过上更加有品质、更加美好的生活。"我把自己的愿景说完，我的介绍就非常清晰了。1 分钟都不到，就可以把自己介绍得非常清楚，对吧？

这就是我跟大家讲的，在 60 秒的时间里，尽可能把你的领域，你现在获得的成就，你想实现的目标讲出来，让别人在 60 秒内快速地知道你的"分量"，以及他能与你产生什么样的连接。

这里我讲一个常见的错误案例，一个学员曾经的60秒自我介绍是这个样子的："大家好，我是做大健康产业的。"在指导他的时候，我就问："大健康？请问你具体做哪类？"学员又说："我是帮助人类改变命运的。"

我说："你这介绍很有问题，让人听不出你到底是干啥的。"最后我对他说："你直接告诉我你做什么产品。"他说："我是卖精油的。"我说："你卖精油就讲自己是卖精油的，讲这么复杂干吗？"

他说："不是要塑造一下自己吗？"我说："你这个塑造一点意义都没有，这么短的时间内你只要说清楚你是做什么的就好了，比那些乱七八糟的塑造'高大上'形象的说辞要好多了。"

拿我自己举例，我会直接说：我是做女性教育培训行业的。你看，"女性教育"就说清楚了我所在的赛道，对不对？这个时候，听到的人就会非常明白、非常清楚了。

一个好的开场介绍需要你先直接、具体地告诉别人自己是做什么的，不要浪费别人的时间，也不浪费自己的时间。60秒内无法清楚地介绍自己，那么给你10分钟，你也照样说不清楚。60秒的自我介绍的目的是用最短的时间让对方明白你有什么，别人要短时间内了解和判断你是不是对他有价值，他要不要跟你合作。有了这样的表达，大家就愿意听你继续往下讲了，你就能抓住全场的注意力，听众才不至于去玩手机。

找到共鸣点

有的人衣着、姿势、开场都做得不错，但没讲几句观众就哈欠连天了，这是为什么呢？教你一个方法。

比如说，如果在福建演讲，我就会问大家："现场有没有人跟我一样，是在福建某个城市出生的女生？请跟我一样的举起手来看一下。"这时候观众是不是就会发现我们有共同的特点了？我还可以顺势引发很多共鸣，我也可以说："来，现场有小孩的朋友也举下手我看看。"

通过这种互动调查，能让观众找到他跟我之间的共同点。共同点越多，越能说明我们是自己人，他们也越愿意听我的分享，对不对？

比如，当我做一个短视频运营方面的演讲时，我会说："来，大家有没有想过，有一天你能打造一条播放量破百万的短视频？想过的举手。今天我就是来跟大家分享素人如何才能打造播放量破百万的短视频的。"或者，我可以问："现场有没有人想通过私域运营来增加自己的粉丝量，做好私域的维护和运营？”我还可以问：“有没有人想通过粉丝黏度打造自己的私域圈，增加营收？”

这些都是结果性的问题，这种结果性的问题会让别人知道听完你的演讲他能获得什么，而达到的效果就是你会成为全场的焦点。

最后我要提醒大家，要成为全场焦点就要知己知彼：明白用户最关心的问题，把它问出来；明白用户最期待的样子，把它活出来；明白用户最想听的内容，把它说出来。这样，你就可以最快速地成为全场焦点。

永远记住，成为焦点，才有机会放开来讲。

开场决定你的终场，开场开得好，你就越来越轻松，开场没开好，你就容易越来越紧张。

愿你们都可以成为全场焦点，把握出场和开场的 60 秒，迅速成为别人关注的中心对象。

沟通小锦囊

- 如果你也要去做一些分享，要在正式的场合讲话，你一定要懂得选什么样的衣服能让你迅速成为全场的焦点。这就是第 0 印象，在很多人还没有正式听到你的谈吐表达时就留下来的印象，也就是第一印象前的印象。

- 一个人的气场来自眼神、肢体动作、服装等外在的直接表达，一样都少不了。

- 60 秒的自我介绍的目的是用最短的时间让对方明白你有什么，别人要短时间内了解和判断你是不是对他有价值，他要不要跟你合作。

- 要吸引全场焦点就要知己知彼：明白用户最关心的问题，把它问出来；明白用户最期待的样子，把它活出来；明白用户最想听的内容，把它说出来。

26

演讲的黄金圈法则，开口即能征服他人

很多人都听过黄金圈法则，黄金圈法则应该如何应用在演讲当中呢？

马克·吐温曾经说过，人生中最重要的两天是你出生的那一天，以及你找到人生目标的那一天。可见，找到目标这件事情有多重要。一旦你知道了自己的使命是什么，你为什么而活，为什么而工作，你就会觉得每一天都是非常快乐的，因为你知道你的终点在哪里。而现在很多人不仅迷茫，还找不到动力，这是为什么呢？

你迷茫是因为你失去了人生的方向，就像航行中的船一样，船必须要知道它开向哪里，要不然它就只是漫无目的地漂

荡在海上。在职场上也是如此，在生活中更是如此。你写一篇演讲稿也要知道，它的目的是什么，讲完之后想给别人留下什么样的印象。无论是在职场上的演讲，还是在生活中的表达，抑或是在舞台上的演讲，我们都需要知道讲它是为了什么，它能不能代表我们人生的价值观，能不能代表我们要说出来的观点，我们的目的到底是什么？

黄金圈法则能非常好地帮我们了解和表达目的。

什么叫作黄金圈法则？我来跟大家详细讲解一下，黄金圈法则分为三个部分：第一个是 Why，目的和理念，就是我为什么做；第二个是 How，怎么做，就是方法和措施；第三个是 What，做什么，就是现象和成果。

黄金圈法则之为什么做

我们会发现，当我们能够在一篇演讲稿中讲清楚“为什么”的时候，会让别人更加有感触。比如说，我很喜欢的一个企业家稻盛和夫说过，作为一个领导人，跟员工沟通的时候，你一定要告诉员工做这件事的意义和目的到底是什么。你要知道很多人来到公司工作，除了赚钱以外，还需要提升生活和工作的意义，这样他们做今天这份工作，就不会觉得他只是为了完成一件事情而去做。

举个例子，有一次，我跟我们人事部的小伙伴开会的时候，这么跟他们说：“亲爱的小伙伴们，你们必须要把我们公司的薪酬结构设计好，而且要在规定的时间内倾听一线员工的声音。我们一定要给他们最想要的，能够正向激励他们的方案，这样他们才会在我们这家公司工作得有激情。我为什么要特别强调做这个事情？因为你们所定的每一项激励制度，都将激活并帮助每个人的生活变得更美好，这是人事部做这份事业的使命。”

我这么说是在帮助人事部的伙伴找到他们存在的重要意义。他们在做的，不仅仅是招聘、考勤和社保那些事，他们是在帮助员工生活，帮助员工的家庭和人生变得更好。这样就将人事工作的意义提升了一个维度，他们工作起来就会更加有动力。

很多同学跟我学习演讲，我也会告诉大家学习演讲的目的是什么。学习演讲的目的不是把技巧学会后去炫耀。演讲的真正目的是用生命影响生命，是用你的生命状态、你的人生故事去影响对面那个人，让他能够感受到你的生命状态。用这样的方式和你人生的积累去做分享，你会改变一个又一个生命。所以我说，演讲的本质是生命影响生命，而不是获得掌声。

为什么我们一定要把意义提升一个维度呢？因为如果我们只是停留在某个层面，对方得到的永远是这个层面的收获和内容，只会把它当作一件普通的事情去做。要想让一个人用不平凡的状态去做看上去平凡的事情，最简单的方式就是你要告诉他为什么做这件事情。

我是做女性教育的，我们公司陪伴的女性的年龄大多数是在 28 岁到 45 岁之间，这是我们用户群体中人数最多的年龄层。我会跟我所有的高管讲，我们为什么要这么用心做这个事业？因为，28 岁到 45 岁是女人最“难”过的时间。这 10 多年里，她们可能要面临结婚生子等状况，父母慢慢年纪大起来，她们自身的身体状况可能也没有以前那么好了。并且在职场中，她们还会走向天花板，这意味着她们会遇到瓶颈，会遇到很多挑战，会走向“职场下坡路”，焦虑、抑郁等各种心理问题也会出现。婚姻、家庭、职场、孩子等现实问题都会在这十几年中发生。我们的这份事业就是陪伴这个年龄层里的女性尽量多地拥有一些智慧，或者拥有一些更好的技能，帮助她们度过这个时期。

这就是我跟我的高管说的：我们为什么要做这份事业？这件事的意义到底是什么？所以，当你看到这里的时候，如果你是领导者，你要告诉你的员工，告诉你的合作伙伴，告诉你周围的人，你从事这份事业的意义；如果你只是职场基层员工，你要告诉你的领导，你今天做这份事业不仅仅是为了获得一份钱，你还有更崇高的使命和意义。这种方式会让你的整个灵魂都闪亮出光芒，这就是“为什么做”。

黄金圈法则之怎么做

讲了“为什么做”之后，我们要讲讲“怎么做”。比如说，还是回到我的领域讲，我是做女性教育培训行业的，为什么做我已经讲过了，一是我自己的经历使然，二是因为我觉得需要帮助这个年龄层的女性，让她们更有智慧地度过这么难熬的10多年，这两点是我“为什么做”的答案。接下来我应该“怎么做”呢？为了实现这个目标，我会用什么方式？我会怎么去实现？你会发现，我们公司有很多教育培训产品，我们有技能类的产品，比如，演讲、沟通等系列课程。我们有智慧成长型的课程，我们还有教女性如何更有智慧地处理婚姻家庭和自我之间的关系的课程，以及幸福课、财富课等，这些本质上都是为了缓解女性内心的焦虑，帮助女性实现内在的成长。

这就是我说的“怎么做”。怎么做，其实就是要落地。很多人都停留在“为什么做”，对于“怎么做”还没有想清楚。

我们必须想清楚我们要怎么做，哪怕你告诉别人你要改变世界，你要清楚你为什么要改变世界，你怎么改变世界。讲完这些之后，你才能落到实处。

董明珠为什么要做格力？她在各种演讲中都提到她要做“中国制造”，她还经常提到匠心精神。她要怎么做？她在很多演讲中也都提到了，她说她招了非常多顶尖的科学家，这些人都在帮她研发更好的产品，不断实现技术迭代，从而让世界爱上“中国制造”。

读这本书的你，也要提升你所从事的事业的意义，带着动力去做得更好。帮助客户解决问题，让产品对客户产生价值，这就是怎么做的部分。

比如说，很多房产中介觉得自己做的是很普通的事，甚至看不起自己的岗位。但能重新思考一下吗？如果让你把它当成事业，你为什么要做这件事？——因为我想让每个人都找到一个温暖的家，哪怕是租房，也要让每个人找到适合自己的房子，感受到这座城市的温暖。你看，有了这种目标，你会怎么做呢？我想你不会为了多赚钱就推给别人高价的房子，不会为了推出房子就昧着良心不说房子的缺点。你会好好了解甲、乙双方的需求，然后筛选合适的房源给合适的人，对不对？

黄金圈法则之做什么

我们要说的最后一点，就是做什么，做什么的理念就是现象和成果。比如说，我们的品牌LadyBoss通过我的理念，帮助一群女性重新找到了生活和工作的更多方法，有一群女性在我们这里获得了生命中更好的成长。我通过线下培训和线上课程，实际地帮助一些女性的家庭变得更好，变得更和谐，离婚率变得更低，在教育孩子方面更有方法。演讲课讲完以后，一些创业者的企业变得更有品牌力，个人也变得更有影响力。

现在，我完整地给大家展示一下黄金圈演讲法，如果是我做演讲，我就会这么讲：

> “大家好，我是从事女性教育培训行业的柳婉琴，这个行业其实有挺多人做的，我为什么还要做？”这个时候，我就可以讲：“有两个原因。第一，我出生15天就被送人了，我体验过女生心中的不安全感；由于孩子是领养的，我也看到过我母亲内心的不安全感和恐惧。第二，我服务的群体是28岁到45岁之间的女性，我发现这是最焦虑的一个年龄层，我想陪伴这些女性度过她们人生中最难熬的十几年时光。这就是我为什么要来做女性教育这份事业。”

我通过什么样的方式来实现？“我有我的技术类的课程，比如演讲、创业课程，从术的方面来教大家解决生活中的问题。我也会讲道的部分，就是智慧的部分，告诉她们如何在生活中做一个有智慧的女性，如何面对自己的情绪，如何面对自己的幸福，如何面对自己的孩子。我们是将道和术相互结合，帮助女性获得智慧、优雅和幸福。”

我做了什么呢？“在这4年的时间中，有很多女生通过学习我们的幸福课程，更加珍惜自己的家庭，人生变得更幸福、更快乐了。同样地，我们也发现很多人通过我们的方式，使得孩子变得更加优秀，一家人都变成学习型的家庭，他们在事业上也得到了非常大的成长。以上就是我在这4年中做的一件我认为对我的人生来讲非常有意义并且非常有价值的事情。”

如果我跟一个不知道我在做什么的人交流，我可以简单地通过“为什么”“怎么做”“做什么”来清楚表达。很多人讲不清楚，讲不明白，是因为他们不明白讲什么是别人想听的，怎么说别人才能够听懂，这就是我今天教给大家的黄金圈法则——为什么、怎么做、做什么。通过这样的结构，我们能够把自己的理念、想法及在做的事情和做出的成果快速地说出来。按照黄金圈法则，你也写一写你为什么会做今天的这份事业，你打算怎么做，做出什么样的成果。

希望通过黄金圈法则，能够帮助你了解你在做什么，你做这个事业的意义和使命到底是什么，从而一开口就能征服他人。

沟通小锦囊

- 你写一篇演讲稿要知道，它的目的是什么，讲完之后想给别人留下什么样的印象。

- 什么叫作黄金圈法则？我来跟大家详细讲解一下，黄金圈法则分为三个部分：第一个是 Why，目的和理念，就是我为什么做；第二个是 How，怎么做，就是方法和措施；第三个是 What，做什么，就是现象和成果。

27

情节的 U 型设计，用故事营造更多记忆点

经常有学员问我，怎么才能让表达很有趣、很有故事感？怎样才能让表达别那么平淡和无聊？为什么自己说着说着就发现没人听了？

好莱坞“编剧之父”罗伯特·麦基曾经说过一句话：“冲突颠覆生活。”对方对你所讲的内容没有反应，是因为你在讲的时候没有设置情节冲突，把原本精彩的故事讲平淡了，没制造出记忆点。就像你看一部电影，如果这部电影平淡如水，没有转折，没有冲突，没有好的故事内容，它就激不起你继续看下去的兴趣。好的表达里面需要有好故事，人人喜欢的好故事到底是什么样子呢？

好故事有三个要素，第一个就是简单且清晰的背景（3W，即 When, Where, Why），即时间、地点、原因。我有一个学员是做幼儿园园服企业的，他找我改演讲稿，我就问他："你从事这项事业多长时间了？你为什么做？在什么地方做？"他说是在深圳，10 年前就开始做了，因为原来他就做纺织行业，后来发现他对孩子的衣服特别有感情，于是做了园服行业。你看，这样一个简单的背景是不是就浮现出来了？大家立刻就知道你为什么从事今天这份事业。

第二个要素，就是人物和互动（2W，即 Who, What），就是谁和做什么。接着说做幼儿园园服的这个学员，演讲时直接说他主要和谁在合作，做了哪种类型的园服。他这样一说，大家就可以记住他了，有兴趣的就会跟他深聊。

第三个要素，这个是最重要的，就是情节曲折、制造冲突（2H，即 How, How much），如何及产生了什么效果。你只是告诉别人你做幼儿园园服，那就相当于纯打广告了，你还要思考，怎么讲出一个具备冲突性的故事，让别人觉得你做的这份事业和别人不同。

关于情节冲突，我要详细跟大家讲解，一定要记住好故事是可以有很多记忆点的。怎么能够做到故事结构化，并且让这个故事听起来跌宕起伏，让人回味无穷，还能让别人记住你在讲的东西，给他带来人生启发呢？

记住这个方法——通过U型设计来讲故事。

U型设计的核心有五步，就是正常状态—遭遇挫折—跌到谷底—奋起逆袭—重获精彩。它也有一种变体：挫折前—挫折点—低谷期—转折点—高光时刻。基本上你的故事都可以通过以上五个步骤讲清楚。

我先给大家讲崔万志老师的一个故事，崔老师参加过我们的现场演讲，也和我一起参加过《超级演说家》。

崔万志老师有一个演讲，叫作“不抱怨，靠自己”。这个演讲在全网播放量有几个亿，因为演讲得很成功，他的旗袍生意也越来越好了。你会发现，演讲真的很适合打造一个人的IP，帮助他带来企业和个人影响力的提升。

崔万志老师的演讲，就是遵从这个U型设计的。你会发现：

挫折前：他从小患有小儿麻痹症，没有办法正常去学校上课，他的爸爸给了他非常大的鼓励，一直在家里教他。到了考大学的时候，他原本以为自己可以考上大学，跟正常人一样去享受大学时光，没想到……

挫折点：校长不收他，不但不要他，还把他赶出门外。他和爸爸跪在校长面前，求校长收下他，校长还是没有收。

低谷期：这个时候，他的人生就进入低谷了，遇到了很多挑战。上学人家不要，找工作人家也不要，开网吧被烧，摆地摊被城管追……做的所有事情都不成功，但是他的爸爸一直告诉他：万志，不抱怨，靠自己。这句话影响了他的一生。

转折点：在低谷期，他遇到了特别多的挑战，但是皇天不负有心人，他接触到了电子商务，在家就可以创业。他用尽所有的办法投入创业中，后来他的旗袍品牌成为这个品类在天猫的销量第一名。人生的转折点立刻就出现了，对不对？

高光时刻：后来，他不但把旗袍的生意做起来了，还参加了《超级演说家》，迎来了人生全新的开始。

你会发现，通过“挫折前—挫折点—低谷期—转折点—高光时刻”这个结构，他的演讲瞬间让人明白一句话，叫作“不抱怨，靠自己”，他也成为一个非常典型的励志形象。人生不可能没有缺陷，你要懂得如何以更好的方式利用缺陷，把它变成优点，展示给别人。万志老师本来有小儿麻痹症，遇到那么多的挑战和困难，却没有影响他获得成功。虽然他讲话没有那么专业、清晰，大家还是非常喜欢他，这就是讲故事带来的好处。

同样地，当我讲故事的时候，我也会这样讲。

挫折前：我在大学的时候开始创业，做了很多事情，收人超过了我们班其他所有的同学，成为当时班里非常优秀的学生。那时候我还报了礼仪班，经常出去讲课。在学生时代，我已经是培训讲师了，有很多人喊我老师。所以，我觉得我的人生已经进入了高光时刻。

挫折点：但是，老天要让一个人灭亡，先让他膨胀。就在我自认为已经成了非常厉害的人的时候，在完全不懂怎么理财的情况下，我把大部分的钱拿去做投资理财。大家都知道，投资理财对外行人来说风险特别大。一个不谨慎，我在一夜之间就负债了 300 多万。

低谷期：在你一无所有还负债的情况下，你最怕的莫过于身边的人对你的不理解和不支持。偏偏我的父母开始不相信我，周围的人也开始不相信我，没有人相信，没有人愿意帮助我，大家仿佛都觉得，我在那个低谷里起不来了，甚至还有人因此而讥讽我、嘲笑我……那段时间，我非常痛苦，走到哪里都承受着莫大的压力。后来我在演讲里经常提到这个场景，当时我去 KTV 还专门点了一首歌，歌词是：冷漠的人，谢谢你们曾经看轻我……

转折点：接下来，就到了我人生的转折点。有一天，闺密跟我说："柳婉琴，你的失败都只是暂时的，这些人不明白你未来有多厉害。"我将信将疑，问闺密："真的吗？你觉得我以后能变得很厉害吗？”她说：“是的。”也许是从她身上吸取了力量，我开始重整旗鼓，重新创业。我要把公司开起来，把品牌做起来，后来就把我的女性教育事业做起来了。

高光时刻：接下来我就迎来了人生的高光时刻。

你会发现，人们比较喜欢听这种故事，有情节，有设计，有起伏，听完后不会觉得平淡无奇。有的人讲的故事特别没意思，故事听完，就好像人生按部就班，没有任何精彩之处，也没有太多的波澜，就是做了 A 实现了 B，这样大家就不会想听。而有的人，没有经历任何的苦楚，就获得了成功，这样的故事听起来很欠揍，因为绝大多数人都会遇到很多困难。人们更想听一听你跌宕起伏的经历，是什么原因让你变成了今天这样。为什么很多人会喜欢看成功者的自传，不是想在里面找寻别人有多成功，而是每一个成功者都曾经被质疑过，被嘲笑过，都经历了很多的不容易，才最终实现自我，活出人生的价值。普通人希望在这些人身上找到共鸣，找到力量。

可能有人会说：“老师，我如果用这种讲故事的方式，是不是要故意卖惨？”不是的，讲故事不是为了营造你有多惨，让大家同情你，而是为了让别人知道你的人生经历了什么，然后通过这种经历，让别人有一种不一样的体验和感受，能够在你身上看到一种精神，得到启发，这才是我们分享的意义。

所以，以后我们在做分享的时候，一定要合理利用U型结构，设计出更容易打动人心的故事情节，让别人知道你经历了什么，你的人生抉择是怎么做的，你为什么在艰难的时刻还在坚守。

这个故事具体要怎么讲，我结合上面自己的事情，给大家做个示范：

> 大家好，我是柳婉琴，从事女性教育培训行业。我出生在福建省宁德市屏南县的一个小镇，所以我经常开玩笑说自己是小镇女青年。我从大学二年级开始创业，大学四年级时，我已经领到了比我同班同学都高的收入，带着骄傲离开了大学的校门。我以为我多厉害，年纪轻轻就可以到上市公司去讲课了，我可以到处给别人去分享内容，当时的我是非常骄傲并且自负的。
>
> 那时候我以为只要是我想学的东西，肯定一学就会。于是我无意中就走入了金融行业，很多人知道我说要学会投资理财，然后我就去学习了。学习以后，我骄傲地认为已经学会了，于是我把我的钱全部都投到这里面来。我放弃了自己该做的事情，全然歇了下来，等着自己能一朝之内变成富翁。可是，就在你活在幻想里的时候，老天总是会来惩罚

你。某个早晨我醒来时，发现自己不但没有变成富翁，还欠下了 300 多万。我当时的压力是非常大的，但万万没想到，周遭人对我的评价，让我感受到了更大的压力。

有的人会说，柳婉琴终于倒下了；有的人会觉得，我怎么会发生这种事，甚至很多人都躲着我，害怕我向他们借钱。我生平第一次感受到了人间的冷暖——原来你跌倒以后别人会这样子看待你，甚至连我的亲人都会责怪我，觉得我做得不好。我的心里承受了巨大的压力，那时候我非常痛苦。我责怪自己："你长这么大，怎么就混成了今天这副德行，你怎么对得起爸妈？"

在痛苦至极的时候，有一天我跑去 KTV，点了一堆酒，放了一首歌叫《海阔天空》。

那首歌里面有一段歌词，我永远不会忘记："海阔天空，在勇敢以后，要拿执着将命运的锁打破，冷漠的人，谢谢你们曾经看轻我，让我不低头，更精彩地活。"

当我不断地听这首歌的时候，我就告诉自己："柳婉琴，今天你遇到的事情就像在沙漠里一样，我相信只要坚持，你一定可以遇到绿洲。"

有一天，我的朋友跟我说："婉琴，你要相信自己，他们都看不到你的能力，你未来一定是非常牛的。"从那一天起我决定要振作起来，我要去实现自己的理想，我的人生由我自己说了算，所以我又开始疯狂地创业，我用半年的时间就把一个女装平台从没有任何线下基础，做到覆盖全中国60多个城市。我又一次用自己的结果证明，我柳婉琴拥有开启全新人生的能力，对不对?

现在，我不仅做服装品牌，又构筑了女性教育的板块，现在我们的女性教育再一次遍布全国多个城市，在全网我都有自己的粉丝。我也做到了一定的成绩，这就是我的高光时刻吧!

你看，把我讲的这个故事一串联，就是一个非常完整的故事了。

拆解下来，这个故事就是按照这五个点来讲解的，你没有办法把一个故事讲清楚，就是因为你不知道什么时候应该切换，什么时候该讲什么内容。比如，有些人要讲自己的苦就一直讲苦，一直喊不容易，这种表达方式就不对。要懂得用跌宕起伏的冲突把自己的故事说得更丰富，同时又让别人听起来感同身受，这个时候别人才能深刻感受到你身上的人格魅力。

沟通小锦囊

- 好故事有三个要素，第一个就是简单且清晰的背景（3W，即 When, Where, Why），即时间、地点、原因。第二个要素就是人物和互动（2W，即 Who, What），就是谁和做什么。第三个要素，这个是最重要的，就是情节曲折、制造冲突（2H，即 How, How much）。

- U 型设计的核心有五步，就是正常状态—遭遇挫折—跌到谷底—奋起逆袭—重获精彩。它也有一种变体：挫折前—挫折点—低谷期—转折点—高光时刻。

28

找准你的舞台风格，让发言更具感染力

好的演讲者，一定是在舞台上充满魅力的人。想在舞台上散发魅力，一定要首先找准自己的舞台风格。

每个人都有自己的风格。法国作家罗曼·罗兰曾说："所谓的风格就是一个人的灵魂。"只有找到风格，才能把自己的灵魂魅力发挥到极致。你会发现，虽然可能是同一个舞台，但是站上去的人不同，呈现出来的风格也是不同的。什么样的风格才比较适合我们呢？

有三个问题，我想先问问你：

第一个问题，你觉得想要在舞台上有气场，就一定要表

现出女王范吗？

第二个问题，如果你是做母婴行业，你觉得用霸气出场的方式会更吸引大家的目光吗？

第三个问题，你如果只是站着发言，会有感染力吗？

这三个问题的答案都是否定的，对不对？其实问这三个问题，是想让大家在找到自己的风格前先要学会思考，你要以什么样的形象演讲，你所演讲的内容和你想讲的方式如何才能更具感染力。

有很多人问我："老师，我不知道我要用什么样的风格，服装、声音、肢体等，是不是都要经过精心的设计？"我的答案是，如果你不知道怎么做细节的设计，你就要明白一点，你的风格一定是让你自己最舒服的。你的表现、你的舞台张力与你的气场有一致性，也就是很多时候你在台上的感觉是跟台下融为一体的。

你会发现，有些人明明是很恬静的性格，却偏偏希望在舞台上做夸张的呈现；有的人明明声音很轻柔，却偏偏学别人大吼大叫，妄图造成另一种渲染力。你在舞台上呈现出来的感觉，会直接影响到你的听众，大家都是喜欢轻松自由愉悦的。只有你自己不拧巴，展现的是享受的、轻松的、快乐的，你讲的东西是能真正给大家带来收获的，台下的观众才能跟你有一样的感觉。如果你在舞台上很紧张、不舒服，他们收到的感觉也基本跟你一样。

想形成自己的舞台风格，可以从这四点入手，一是内容，二是声音，三是肢体表情，四是着装。

内容的感染力

关于内容的感染力，之前我已经分享了很多，比如我介绍了 FFC 原则、PREP+A 思维模型，还有 U 型设计和黄金圈法则。我想额外跟大家强调的是，想要在内容上有感染力，一定要注意三个关键的地方：

第一，内容要与你的听众相符。你要知道你想感染的是台下的人，如果你说的内容跟他们没有关系，他们怎么会有感觉呢，对不对？如果鸡同鸭讲，台下的观众就会全部离场或者干脆睡着了。比如，台下的人都是创业者，你分享你的情感经历，肯定没有人会喜欢你。所以，做听众想听的内容才是王道。

第二，内容要有新的认知。比如，你在台上说的都是别人知道的，肯定没人愿意听你说。我曾听过一个老师的课程，那是两三年前，他在舞台上还在讲诺基亚的案例，我们三分之二的同学都离开了会场，不听了，为什么？因为你还在讲那么老的案例，现在都什么时代了，对不对？你没有新的认知，一直在讲别人知道的事情，老生常谈，即使语言的渲染力再强，别人也不会喜欢听。我一直要求自己在线下讲课的时候，更新率至少要有 30%，这样才能每一次都带给别人新的启发。我们每天都在不断地进步，也希望台下的人能感受到这种进步。

第三，你的分享一定要给人带来收获，有分享就必须有干货。如果没有干货，你的演讲就成了空泛的表演，你不是在做内容输出，也就无法收获观众。前面我教了很多内容上的设计原则，都可以去应用。这样，别人会喜欢你的内容，也会因为喜欢你的内容而变得更喜欢你。当年，我一个人来到深圳创业，为什么那么多人来听我讲课，就是因为我的内容一直在做创新。大家都知道，深圳人才济济，想在这里单枪匹马闯出来，没点干货是不行的，所以，好的内容一定是收获人心最好的撒手锏。

声音的感染力

说完了内容，我们来说说声音的感染力。在声音上，我们要重点把握这几点：第一是语速，第二是说话的节奏，第三是声音中的亲和力。

在语速方面，我个人的语速是偏快的，如果你的语速非常快，一定要注意停顿，情感要非常丰富，因为如果语速又快，中间又没有间断，别人听起来会非常吃力。我曾经见过一个学员特别有意思，他到我的舞台上来做了一个分享，语速快到 1 分钟之内讲的话，没人听清楚他说了什么，大家都傻眼了。我问现场谁听清楚了，几乎没人听清。永远要记住，语速是要控制的，太慢容易让人想睡觉，太快容易让人急躁。你可以多去看看《新闻联播》，多去看看优秀的演讲者，看他们是如何控制自己的语速的。

说话的节奏也是非常重要的。什么是节奏感，就是你说话的时候让人感觉很舒服，先说什么再说什么，最后说什么，说完要让全场的人感觉非常好。比如，在台上演讲的时候，我一开始会唤醒大家的注意力，全场的热情全部调动起来的时候，我一定会缓下来。

缓下来之后，我又会逐渐快起来，这样全场才有节奏感，时而快，时而慢，时而用力，时而收敛，这就不会让人觉得，你怎么这样子，怎么总是直冲冲地往前走。一直亢奋也不行，一直平淡如水也不行，要把节奏把握好。

第三是声音中要有亲和力。有些人的声音天生带着一种轻蔑感，让人怎么听都觉得他在蔑视别人；有些人说话非常强势，声音里自带强势；有些人声音的频率就让人非常喜欢，非常有亲和力。这里我给大家介绍几个人，你可以去听一听，比如，公众号“夜听”的刘筱，他的声音就非常有亲和力，说话的节奏感也非常好。还有“凯叔讲故事”的凯叔。你知道能让小孩子听你讲故事，声音一定要有带动性和感觉，你可以去听听凯叔是怎么把握自己的声音和说话节奏的。你可以去比较，你怎么给孩子讲故事，他是怎么讲故事的，就会发现语言是很有魅力的，有些故事通过声音的传递，才更加惟妙惟肖。

我在抖音上有一段演讲视频非常火，叫“我吹过的‘牛’”，已经有近 1 亿的播放量。为什么这个短视频会这么火？其实除了内容之外，跟我当时讲故事时对语速和节奏的把握是分不开的，你也可以找来听一听，感受一下。

肢体表情的感染力

在演讲时，肢体动作是非常重要的，平时我在台上的时候喜欢做一些身体略微向前倾的姿势，手势是掌心向上。掌心向下会很有压迫感，向上则很有能量感，它是完全不同的。

我为什么会喜欢身体稍微向前倾？因为台下的观众毕竟离我这么远，当我身体略微前倾的时候，他们会觉得很有亲近感，这就是我用的一些小技巧，身体略微前倾，掌心向上。

最后，你如果面带微笑，通过你这场演讲别人就会很喜欢你，所以表情上一定是微笑、自信加从容。

当有一天你站在舞台上忘词了，你也要非常淡定。我曾经教过别人，如果你在舞台上忘词了，不要干站在那里，你可以停顿几秒，来回走两步，突然间抬头看一眼，问："你们知道为什么我刚刚讲了一半突然间沉思吗？"全场很好奇，你就说："因为我忘记词了。"这个时候大家会觉得这个人还挺有意思的，还挺逗的，是不是？

或者，你可以讲，因为你在想一个非常严肃的问题，如果你想起后面的内容，你还可以跟别人去分享。

这就是我们如何去化解舞台上的很多尴尬，所以，微笑、自信、从容，遇到任何事情都不要害怕，坦然地去面对，只要你觉得你讲的话是在帮助别人就可以。如果你在台上，讲话既没有笑容，手又很紧绷，别人看到你的表情都会觉得有点不太舒服。

一定要记住，一个演讲者站在舞台上：第一，身体微微前倾，要掌心向上；第二，肢体打开；第三，面带微笑。这是你重点要做的事情，这种方式能够让你充满感染力，哪怕忘词了，因为你的微笑，别人都会原谅你，他会觉得这个人还是挺有意思的。

着装的感染力

服装起到的作用，是要让听众看你一眼就有代入感。不同的身份要有不同的着装，你的内容和着装必须是相符合的，进一步说，你的内容、你的着装和你的身份，三点必须统一。只要你觉得你的服装在现场是不显突兀的，在你的演讲中不起扣分的作用，其实就还可以。有些专门教演讲的老师会告诉你具体有哪些穿搭的细节，但我觉得，服装是一个人风格的体现，最让你舒服的，也是最让听众舒服的。但是你不能上台不修边幅，外表邋遢，那是对听众的不尊重，也是对自己的不尊重。

所以，在舞台上的风格一共有四个部分：第一是你的内容决定了你的专业度；第二是你的声音决定你在舞台上的感染力，第三是你的肢体表情、动作的变化可以透露出亲和力，这部分也能帮你收获更多的好感；第四是着装，你的服装要跟你一上场就具备征服全场的能力融为一体。你会发现，我在台上的发型基本上不变，我的服装一般都是比较夸张的，所以我在网络上很容易形成记忆点，而你的强辨识度，就是一种特别强的影响力。

沟通小锦囊

- 在找到自己的风格前，先要学会思考，你要以什么样的形象演讲，你所演讲的内容和你想讲的方式如何才能更具感染力。

- 想形成自己的舞台风格，可以从这四点入手，一是内容，二是声音，三是肢体表情，四是着装。

29

即兴演讲，每一次发言都能成为你的“高光时刻”

平时在我们的生活和工作场景当中，经常会出现即兴表达的情况，比如，随时随地聊天，工作中的自我介绍，被领导突然问到项目进度，临时被拉上台讲话，等等。每一次表达，都是一场即兴演讲。一提到即兴演讲，有人很担心，他们怕说话，怕说错话。有很多学员问我：“婉琴老师，怎么能够让每一次即兴演讲都很精彩，能让自己不后悔，甚至成为自己的‘高光时刻’呢？”

即兴演讲的五个关键点

即兴演讲有五个关键点：

要做好准备；

要了解听众；

要突出重点；

要说令人信服的案例；

要以金句结束。

第一点，要做好准备。所有的即兴演讲都不是毫无准备的，哪怕是突然被人问到一句，你都能够非常好地答上来。这种状态来自你过去所有的准备，而不是天赋。我们需要有很多准备，才能更好地表达出来。

准备是什么？是平时我们读书的积累，是生活阅历的总结。如果说你今天要参加一个活动，很有可能被别人叫上台做分享，这个时候你就要提前做好准备性的工作，想想如果今天有人要求你发言，你要讲什么，这也是一种准备，提前想听众会希望你说什么。

所以，我说的准备分为两个部分：知道要参加一场活动，就要提前做好可能即兴演讲的准备。你提前准备好，无论是否被点名分享，都能确保自己万无一失，因为没被点名，完全可以当作一场练习。另一种准备，是长期以来的积累，就是平时要多看书，多去体验人生，多积累学习，体验不同的人生经历。

第二点，要了解听众。不管面对的是什么人，你都要清楚，即兴演讲的精髓在于弄清楚对方想听什么。永远记住：不是“说你想说的”，而是“说他人想听的”！

第三点，要突出重点。所有的表达都有要点。你必须想清楚，待会儿你一开口，重点想要表达的观点是什么。把它先提炼出来，分好一二三四点，这个我在前面的内容中提到过，在这里就不多说。

第四点，要说令人信服的案例，即提供一个令人信服的案例支撑自己的观点。你可以讲讲自己的故事，也可以讲讲他人的故事。

第五点，要以金句结束，表达的精华一定都浓缩在最后的话里，最后一定要用金句提升高度，让整个表达更出彩。

拿我自己为例，2018 年我参加《超级演说家》。那一场真的很神奇，因为我们是女性专场，那一场有好多优秀的人进行 PK，最后显示 PK 结果时，我居然跟现场的另一个人票数相同，这意味着我们要再 PK 一下，看谁能真正成为冠军。这个时候，导演组说了，要我们即兴演讲，每个人 3 分钟时间。

听到这个消息，我觉得我赢定了，因为我的即兴演讲能力是非常强的，我知道大众评审团是谁，他们想听什么。所以我快速地在脑海里准备内容，从他们的角度出发，给予他们最想听的内容。

其次，听众就是大众评审，放眼望去，女性居多，坐了三个区域。我分析了一下，一定不可以只对着前面讲，一定要左边、右边都照顾到。开口之前，我做的第一个举动就是向左边、中间、右边的听众都问了好，说明我看见了大家。当你跟别人有眼神交流的时候，他待会儿投票给你的概率就会增加。然后我了解到听众的年龄都不大，他们会更愿意看到有梦想的人，所以，我的突出亮点就有了——我要成为本场的演讲冠军。之后，开口的第一句话，我就说我要成为本场的演讲冠军，我要把这句话投射到每个人的心里，让听众们听到这句话后，在潜意识里默认我是冠军了。

具体如下：

> 各位，我要的不是大家给我投票，我觉得每一个人都有自己的梦想，如果你把票投给我，不是投给站在台上的我，而是投给有梦想的人。我们每个人的心中都有成为冠军的想法，你投的也不只是我，而是心中有冠军梦想的自己。最后，我想如果我能成为冠军，我愿未来说出的话能够帮助更多的人。

结果是，我获得了那场比赛的冠军。因为我的内容设置是：演讲与你有关，让你喜欢。

我再来跟大家分享一个学员的案例，前几天我们公司开了一个会，因为我们取得了一个阶段性的小成果，我就邀请了我们几个学员来到公司跟大家分享一下，其中有一个学员上台做了一段即兴演讲。因为他们没有想到我会叫他们分享，以为只是来领奖，但分享的时候表现得特别好。因为，第一，他做了准备，他后面跟我讲，上台前他想了想，公司的小伙伴到底想听什么，想听的是他作为婉琴老师的学生，他对于老师、对于公司、对于这场会议有什么想法。听众就是我们的员工，要点就是他觉得选这个平台是正确的，然后加上令人信服的案例和结束语。

我大概复盘一下他当时的这段即兴演讲：

他上台的开场白是："大家好，我从来没有想过我的第一场正式的分享居然是在 LadyBoss 总部跟所有的员工进行分享。我觉得自己非常骄傲，而且非常荣幸。"你看这个开场是不是一下就拉近了大家之间的距离。

然后他说："LadyBoss 2018 年 5 月的第一场，我就在现场，直到现在我还在场，我还在当义工，我从作为学生到去服务学生，我从听老师的课程到去跟老师一起去服务学生。”他讲了人生的转变及和我们一起成长的过程。

他接着说：“感觉非常好，我非常感谢在这里我获得的人生成长。各位同学，你们是幸运的，在公司就可以见到老师，而我们作为学生，最期待的是在会场上见到老师。”这就跟听众建立了共鸣。

接着铺出要点：“我非常感谢我在这个平台上获得的收获与成长。”现在可以开始讲案例，讲他自己：“通过这次服务学员，我明白真正的服务来自我们的专业。让专业成为一种信仰，让打胜仗成为一种信仰，我们给学员最好的服务，我们的老师演讲是非常专业的，我们的服务也是非常专业的。所有来到现场学习的人，都会发现我们是一支训练有素且专业的演讲团队，这才能帮助大家成长。”听到这里，所有人都觉得他太棒了，所有的员工听完都觉得公司的客户怎么这么优秀！

最后他还说了一句话，“虽然我是客户，大家是员工，但我们都是一家人，因为我们都可以用我们的理念服务好更多的客户。”你觉得他讲得好不好？是不是非常精彩？是不是符合要做好准备、要了解听众、要突出重点、要说令人信服的案例、要以金句结束这五个关键点？这就是他用的方式和方法，整场演讲下来就会非常顺畅，大家听起来也非常舒服，这样一场即兴演讲大家都很喜欢听。

有些即兴演讲之所以非常失败，是因为演讲者永远只关心自己。举个例子，在我的课程现场，经常有很多人想冲上舞台让我辅导他，但这么多人怎么选呢？我就给大家10秒钟时间PK，然后让大家来举手表决要选谁留下。

每一次我给大家10秒钟时间进行PK，就看到有些人是这么PK的，他说："因为我想要让婉琴老师辅导，所以我要留下。"这种表达谁听都不会选，是不是？有的人说："因为我很紧张，我很害怕，所以我想留下来。"这种表达也没有人选。你要知道台下的听众跟你一样，都是学生，他没有机会被老师辅导，他们要选你留在台上一定是有原因的，为什么要选你留在舞台上呢？你要不要给他一个充分的理由？没有了解听众，就没有突出的要点，就会导致一场失败的即兴演讲。

这个时候来了一个女孩子，她这么讲，她说："大家好，我以前是一个家政阿姨，现在通过自己的努力，在几年之内，我成了三家公司的董事长，我想留在这里让老师辅导，我也想把我的故事分享给大家。"你听完以后，想不想留下她呢？想，对吧？

她了解听众，勾起了听众满满的兴趣，要点就是从一个家政阿姨到三家公司的董事长的转变，因为好奇她的经历，大家立刻想选她，她也立刻获得全场通过被留下来。

我们要知道，每一次简短的说话都是一场即兴演讲，能不能讲得精彩就取决于别人能不能快速对你感兴趣。

如何练习即兴演讲

可能有些人会问："老师，我想学好即兴演讲，该怎么练习呢？"

我教大家三个方法，你可以在家练习，这三个方法是想结尾、找关联和想案例。

如果某一天，某个场合需要你发表即兴演讲，你的脑袋里首先要想到老师说了，第一是想结尾，什么结尾？就是我希望讲完以后，让大家反馈什么。比如说，我希望在场上讲完以后别人投票支持我，我希望讲完以后员工更加明白他在做什么……你的即兴演讲一定有个目的，先把那个结尾想清楚，想清楚之后来反推。

什么叫找关联？立刻开始想办法找你的故事和台下听众的关联，你所有的案例怎么能够跟别人发生关系，马上在脑袋里面过一下，什么是关联性的事件，马上挑选出来就可以讲了，最后想一想什么东西能佐证你刚刚说的结尾的金句。

在每一次别人让你做即兴演讲的时候，你就要在脑袋里构思。有的时候，我知道马上要上台演讲了，我就拿支笔简单地把这三点画下来，把我待会儿要讲的内容的脉络一画，故事重点一提取，上台就可以讲得非常清楚了。

第一步，先想清楚你要的结尾，也就是你要的结果是什么，利用反推法。第二步，快速在你与听众身上——不管听众是一个人，还是两个人，还是一大群人——找你们身上的关联，要找到能够佐证你讲的话的案例，你的即兴演讲才会非常成功。

演讲是练会的，不是听会的。听课和看书学不会，关键是要多练习。等你有一天发现自己的演讲水平在提升，突然间有些朋友会说“你最近说话怎么这么有条理，而且怎么讲得这么精彩”，那时你会发现原来你说的话是可以帮助别人的，你的表达是能给别人力量的，是可以给别人带去希望的，是有说服力的，那时你就成了一个非常有影响力的人。

希望每个人都可以通过表达和说话成就自己的人生，拥有人生的影响力，让每一次发言都能成为你的“高光时刻”。

沟通小锦囊

- 即兴演讲有五个关键点：要做好准备，要了解听众，要突出重点，要说令人信服的案例，要以金句结束。

- 演讲是练会的，不是听会的。

- 练习即兴演讲的三个方法是想结尾、找关联和想案例。

30

情怀的影响力远大于功利

情怀有用吗？情怀值钱吗？情怀也太虚无了吧？可为什么创业者还是很喜欢讲情怀？为什么他们都喜欢讲故事？

很多人都想把自己做这份事业的初衷表达出来，想告诉大家：我有什么样的初心？我是因为什么特别的事情走入这个行业？这个行业就像我的孩子一样，我非常爱他。

你看，这是大多数人讲故事的样子，对不对？

为什么创业者喜欢讲故事？

我也不例外，也很喜欢讲故事，比如，我当初为什么会做服装生意？我为什么会选择做职业女装？因为我觉得职业女装是女性独立的象征，而且我小的时候就有服装梦想。我小时候，那个年代物资很匮乏，生活也不富裕，买不起漂亮的衣服，长大后我就希望自己能够拥有一个服装品牌。

由于我既喜欢服装品牌，又很想要独立，所以我选择做职业女装，这就是我的情怀，我就跟大家讲这样的故事。

再比如说，我曾经讲过55度杯的故事，有一个非常著名的工业设计师叫作贾伟，设计了一款杯子叫55度杯，为什么叫这个名字呢？那是因为我们平时在超市里面看到的杯子都是保温杯，没有温度显示。但是将开水倒入贾伟设计的这款55度杯，摇十下后，开水立刻变成55摄氏度。你可能纳闷：这有什么特别的？在贾伟讲完一个故事之后，这款杯子就风靡了全国。

什么故事这么有号召力和影响力呢？原来贾伟设计这个杯子源自他对女儿的爱，有一次女儿不小心被开水烫伤了，住进了ICU（重症监护室），作为父亲他非常难过和自责，自己做了这么久的工业设计师，却没给女儿设计一款能保护她的杯子，于是他就号召设计师创造了这款55度杯。

我每一次跟别人分享这个故事的时候，都问大家：听完这个故事你们会想买吗？很多人都会说想买，原因就是大家相信一个父亲对女儿的爱，并且会产生共鸣：自己家的宝贝会不会也发生这样的事情？所以，买杯子变成了买对孩子的爱和对孩子的安全保障。这就是当我们学会把情怀告诉别人的时候，别人会更加愿意接受这个产品，并且更愿意相信这个产品。

我们为什么要讲情怀？

为什么我们要讲情怀？

因为，首先，我们会收获自驱力。很多人说这个世界上那么多的行业，你为什么偏偏选择做这个行业？这个时候你就需要讲出心中的情怀，说明你认为这份事业在你心中是有价值的，你才会去坚持。

记得我曾经辅导过一个学员的演讲稿，他是做保险行业的，我的作用就是要帮他深挖出心中的情怀。我就问他：你为什么要选择做保险这份事业？一开始他可能说不清楚——因为钱啊，生活啊，我说这都不对。经过不断挖掘，我终于发现了根源，由于他家里发生过一次严重的事故，他发现医药费真的是太贵了，如果当时买了保险，家庭负担就轻松多了，于是他决定进入保险行业。后来他做保险的几年时间里，也确实帮助一些客户获得了理赔。突然间他就发现，对保险这份事业，他有了新的认知和定义。可能在很多人眼里，做保险的人好像身份、层次不高，但他觉得自己在坚守着一个理念——希望有更多的人能够拥有保险，能在灾难来临时有抵抗风险的能力。他这段演讲非常真诚，也非常吸引人，他认为保险对他来讲是有价值的，所以他才要加入这个行业。

人最可怕的是什么？就是做任何事情眼里永远只有钱，这事他能不能挣钱，不能挣钱他就不做，他会把挣钱看成最重要的事情。

有些人不是的，他是因为这件事情能给他带来价值，有那种满满的获得感，所以他有自驱力，是为价值去做这件有意义的事情。

其次，我们会收获外驱力，外驱力就是我要帮助更多的人。我们经常听到很多人演讲说要帮助更多的人，是不是？很多人都想帮助别人，怎么帮助别人？你要把你身上的梦想和情怀说出去，就像我想通过女性教育帮助 28 岁到 45 岁的女性用优雅、美好、有智慧的方式度过人生的这十几年。外驱力就是我想帮助女性群体。有的人做青少年教育事业，希望点燃孩子心中的梦想，让他们做自信的好孩子，他的梦想就是要去帮助更多的青少年；有些人的梦想是从事健康事业，希望更多人能远离亚健康，他想帮助别人变得更好……有些人在医院做事，有些人做农产品，每一个人不管做什么产品，都要有他愿意帮助别人的事情。

记得我在线下问过一个学员，为什么要进入他所从事的行业。那个人特别有意思，他是做月嫂行业的，他跟我说："老师，这个行业有前景，而且利润不错。"我说："你知道吗？如果你在舞台上跟这些妈妈讲：我看重这个事业的发展，而且很有利润。你觉得现场妈妈们听完什么感受？你觉得他们会选择你家月嫂吗？不会的。妈妈们要选月嫂，最怕听到你只是为了赚钱，是不是？妈妈们选月嫂，想听到的是你为什么会做这份事业，你心中对于这份事业的认知是什么，以及你怎么用心培养月嫂，月嫂会怎样用心地陪伴妈妈度过这 1 个月的时间，妈妈们想听的是你在这份事业中注入的情感。"

后来，我又听另外一个年长一些的学员说他高二的时候进入家政行业，他就跟我说了一个点，他说，他从事家政行业是因为他的弟弟。本来这份工作他是给弟弟找的，结果不小心跟弟弟一起创办了这家企业，并开始带领这家企业。因为他家里从小爸爸妈妈就不在，他很想做家政服务，就是希望每一个人的家庭都可以通过他们的服务得到更好的保证，家里变得更加洁净。他讲完这个故事就不一样了，因为有了情怀，事业变得更有温度。

最后，衡量一切的原则就是你的初心。一个有情怀的人去做一份事业和没情怀的人做一份事业是有天壤之别的。有初心的人做事情，懂得什么是原则，什么钱该挣，什么钱不该挣，什么时候该努力挣，什么时候该收。只以钱为目的的人，只会想这件事情能够带来多大利益，不能挣钱就不做了。这就是我们为什么要讲情怀，是为了让人们知道你是带着初心，有原则、有底线、有爱心、有想法地去做这份事业的，这样别人才会更加相信你，这就是我一直跟大家说的：真诚就是最好的感情。把你内在的情怀说出去，就是你企业当中最有温度的地方。

情怀，要怎么讲出来？

第一个策略叫真诚，不要杜撰。因为在线下我有 3 秒钟改一篇演讲稿的能力，这个时候很多学员就跑过来跟我说了："婉琴老师，你 3 秒钟就能改一篇演讲稿，你辅导得很好，能不能帮我编一下故事？我的人生故事不精彩，能不能编一些故事？"我每一次都很认真地跟学员讲："对不起，我没有办法帮你编一个故事。"在舞台上一定要永远记得真诚地去分享，因为你只有真诚，才能够打动更多的人。如果你是编的，讲着讲着你自己都会怀疑，而且你在舞台上讲的时候心里都会发抖。真诚是讲情怀的根基。

第二个就是践行，按你说的去做。永远记住，你在台上教别人的一定要是你做的。其实，这些年来我找了很多老师跟我一起合作，跟每位老师合作我都非常注重一件事情——他所在的领域，他说的是不是他做的。一定要记住，说他所说，做他所做，这样的老师讲课是很轻松的，而且他的理论知识会随着他的践行不断迭代。但我最怕的是老师自己没有实际去运作，并且只是学习来的东西，他讲得一定不会特别生动，因为他只是搬一些别人的东西过来，他人生的体会感和体悟感是完全不同的。所以你要传递给别人这样的信息：你就是这样坚守你生命中的情怀的，比如稻盛和夫，他说敬天爱人，他说作为人何为正确。他们公司的整个绩效考核制度中，有一个非常重要的部分，就是没有把员工工资纳入他的整个费用里去。这就是他对他所要传递的敬天爱人理念的坚守，这就是他的践行。

第三个就是坚信，不动摇。你的情怀，你选择做的事情，你经历过的事情，你肯定不能够动摇。你要更加坚定地相信你所做的事情是正确的，永远记住把正确的事情坚持到底，终有一天你是可以影响别人的。就像我们疫情期间线下教育遇到问题，很多人跟我说“婉琴老师，你可以尝试做别的产品”，我始终都没有动摇，我一直坚守在教育领域，因为我知道当年来深圳做教育的时候，我的内心是什么样的，而且我不想辜负那么多曾经相信我的学员，我怎么能为了赚钱，遇到一点困难就马上放弃这份事业呢？所以我当时并没有选择放弃。

有一次我在舞台上演讲，我在教学生如何带着真诚去演讲的时候讲了一个例子，我说在去年的时候我有一本书快要出版了，叫《颜值战略》，后来我就跟出版方说：“我不要了，虽然我已经付了20多万，但书我不要了，我也不想出了。”对接人说：“婉琴，你的书马上就要印刷了，你为什么现在不要了？”我说：“因为这本书不是我写的，大部分都是写手写的，我没有办法骗客户说这本书是我写的，这样我会过意不去的，而且我卖不出去。”我宁可钱都不要了，后来我就这样浪费了这些钱。我在舞台上非常真诚地分享了这个故事，有一次我的粉丝过来问我，他说：“婉琴老师，你怎么可以这么真诚地对台下那么多的粉丝讲，因为书不是你写的就不要，你不担心学员有误解吗？”我说：“我不担心，因为我讲的是真实的，并且我要告诉大家对待内容我是有坚持的，我是有坚守的。没什么不可以告诉大家的。”

关于坚信，我还辅导过一个卖钻石的男孩子，他总找不到自己的定位，我说：“你没有记住你是男的，你卖钻石，你的情怀是什么？”他说他的情怀就是希望每一个女生都可以戴属于她的独一无二的钻石。我说：“女生在你眼里意味着什么？”他说像钻石一样。我说：“太好了，你就要把你的情怀告诉你的用户：我是一个男人，我在做钻石行业，但是在我心中每个女性都是那颗闪耀、恒久的钻石，我希望每一个戴上我们品牌钻石的女生都可以获得长久的爱情。你看这样说是不是立刻就不一样了？你自己也找到了坚定的理由和信念。”他本来是个男生，卖钻石可能有点硬邦邦的，但是这么一讲，感觉和温度立刻就提升了，而且讲的又是女生想听的话，这个品牌就有了温度，卖的东西就跟别人的完全不一样了。

所以，情怀的影响力远大于功利，当你发自内心去跟别人分享你为什么做这些事情的时候，你要相信这股力量可以感动对面不知道你为什么做这件事情的人。从今天起，想一想：你做这份事业的初心是什么？你要为谁做这件事情？你想帮助多少人？你把你的私心调整成公心，把你真正的故事挖掘出来，在任何场合都可以跟别人去分享，那个时候，别人会觉得你不是带着功利，而是在传递价值和理想。

沟通小锦囊

- 为什么我们要讲情怀？因为，首先，我们会收获自驱力；其次，我们会收获外驱力，外驱力就是我要帮助更多的人；最后，衡量一切的原则就是你的初心。

- 第一个策略叫真诚，不要杜撰；第二个就是践行，按你说的去做；第三个就是坚信，不动摇。

（全书完）